Adolph Pochhammer

Einführung in die Musik

Pochhammer, Adolph

Einführung in die Musik

ISBN: 978-3-86267-537-1

Auflage: 1
Erscheinungsjahr: 2012
Erscheinungsort: Bremen, Deutschland

Europäischer Literaturverlag GmbH, Fahrenheitstr. 1, 28359 Bremen (www.elv-verlag.de).

Bei diesem Titel handelt es sich um den Nachdruck eines historischen, lange vergriffenen Buches aus dem Verlag Hermann Seemann Nachfolger, Leipzig (1901). Da elektronische Druckvorlagen für diesen Titel nicht existieren, musste auf alte Vorlagen zurückgegriffen werden. Hieraus zwangsläufig resultierende Qualitätsverluste bitten wir zu entschuldigen.

Cover: Ausschnitt aus der Zeichnung »Schubertiade« (1868) von Moritz von Schwind.

Einführung in die Musik

Von

Adolph Pochhammer

4. verbesserte Auflage

(8.—10. Tausend)

Leipzig 1901
Hermann Seemann Nachfolger

Alle Rechte vom Verleger vorbehalten.

Vorwort.

Der Verlag des „**Musikführer**", der es sich zur Aufgabe gemacht hat durch allgemein verständliche mit Notenbeispielen erläuterte Abhandlungen die Meisterwerke alter und neuer Zeit dem Verständnis des musikliebenden Publikums näher zu bringen, will es im Anschluss daran durch diese „**Einführung in die Musik**" ermöglichen, den grössten Teil der Fragen, die sich das denkende Publikum beim Anhören von Kunstwerken stellt, zu beantworten.

Zu diesem Zweck wird das für den gebildeten Laien, insbesondere für den Konzertbesucher, geschriebene Werkchen einen Abriss der Musikgeschichte, eine allgemeine Musik- und Formenlehre und eine Abhandlung über die wichtigsten Instrumente und deren Anwendung u. s. w. enthalten und wird in einem zugleich als Inhaltsverzeichnis dienenden Lexikon Kunstausdrücke und Namen von Personen ergänzen, bezw. erklären und mit Anmerkungen versehen.

Selbstredend können die einzelnen Artikel nichts Erschöpfendes bieten, sondern werden sich selbst bei dem Eingehen auf Spezielles von dem Gedanken leiten lassen, auch dann nur eine Zusammenfassung des Notwendigsten möglichst übersichtlich darzubieten. Trotzdem musste im Folgenden über Manches gesprochen werden, was wohl zwingt, behufs Erklärungen weiter auszuholen. Es geschah dieses in dem Bestreben, den Hörer dazu zu erziehen, dass er zukünftig im Stande sei, dasjenige, was er bisher als Allgemeines unbewusst auf sich einwirken liess, im Einzelnen zu begreifen und dann wieder zu einem bewusst empfundenen Ganzen, zu einem Kunstwerk zusammenzusetzen, und dessen Beziehungen zur Natur und zur Entwicklungsgeschichte der Musik zu empfinden. Mit einem Wort der Hörer soll bewusst und deduktiv hören lernen.

So möge denn der Musikfreund nicht nur Belehrung durch dieses Büchlein erfahren, sondern vor allen Dingen dazu angeregt werden, in das musikalische Wissen und besonders in die herrlichen Schöpfungen der Musik tiefer einzudringen, und sich Können und Wissen selbst als Laie zu einem gewissen Ganzen abzurunden. Sollte jedoch dem Leser dieses oder jenes als zu weit in die Details gehend erscheinen, so gedenke er des Götheschen Wortes:

> Willst du dich im Ganzen erquicken
> So musst du das Ganze im Kleinsten erblicken.

Der Verfasser.

Inhalt.

	Seite
I. Inhaltsverzeichnis und Lexikon	3—38
II. Musikgeschichte.	
Altertum	39—42
Mittelalter	42—55
1. Das Tonsystem	42—46
2. Notation	46—50
3. Instrumente und Instrumentalkomposition	50—53
4. Anfänge der Mehrstimmigkeit. Meister des XV. und XVI. Jahrhunderts . .	53—55
Neuzeit.	
1. Zeit des Ueberganges	55—57
2. Entwicklung der Dramatischen Musik in Italien .	57—59
3. Die Violine und ihre Meister	59—61
4. Die Entwickelung der dramatischen Musik in Frankreich	61—64
5. Englische und Russische dramatische Musik . .	64—65
6. Anfänge der dramatischen Musik in Deutschland .	65—66
7. Deutschlands Hegemonie in der Musik (Bach bis Schumann)	66—78
8. Die Hauptvertreter der deutschen Oper von Kreutzer bis Richard Wagner	78—83
9. Die Dramatische Musik von R. Wagner bis auf die Jetztzeit	83—84
10. Meister der Instrumental- und Vokalmusik von R. Wagner bis auf die Jetztzeit	85—90
III. Die Elemente der praktischen und theoretischen Musik	91—147
A. Allgemeine Musiklehre	91—113
B. Formenlehre	114—147
IV. Die im Orchester gebräuchlichen Instrumente und die Instrumentation	148—181
Einiges über die Partitur und das Partiturlesen	181—187
V. Nachtrag und Druckfehler.	188—189

I. Inhaltsverzeichnis und Lexikon.

	Seite
abbandonamente (con **abbandono**) seelenvoll, mit Hingebung.	
abgeleitete Töne	92
Abt, Franz (geb. 1819 zu Eilenburg, gest. 1885 zu Wiesbaden)	57
a capella, ein unbegleiteter Vocalsatz.	
acceler., Abkürz. f. **accelerando** (sprich: atscheleránde), schneller werdend.	
Accidentalen, Accidentien, Versetzungszeichen.	
Accolade, Klammer, welche mehrere Liniensysteme verbindet.	
accompagnato (spr. accompanjáto), begleitet.	
Accompagnement (spr. Accompánjemang), Begleitung, **accompagnieren,** begleiten.	

Accord 6, 183
Accordion siehe Ziehharmonika.
accrescendo (spr. accreschéndo) = crescendo. 106
Adagietto (sprich: Adadschétto), ein kleines Adagio.
Adagio, (sprich: Adádscho), gemütlich, langsam.
Adam, Adolphe, Charles (geb. 1803 zu Paris, gest. 1856 zu Paris). 63
Adam de la Hale (1240—1287) 54
addolorato, schmerzlich, wehmütig.
ad libitum, nach Belieben in Vortrag und Takt.
Ägypter, Instrumente, Musikpraxis etc. 39
aeolisch 45
affabile, freundlich.
affettuoso, leidenschaftlich, gefühlvoll.
affrettando, beschleunigend.
agevole (sprich: adschévole), con **agevolezza,** leicht, anmutig.
agilità (sprich: adschilitá), Beweglichkeit.
agitato (sprich: adschitáto), bewegt, aufgeregt.
Agnus dei, siehe Messe 134
Agogik 109
Agricola, Alexander, nach den neuesten Forschungen ein Deutscher; lebte in Italien, Belgien und Spanien ca. 1446—1506; bedeutender Komponist.
Agricola, Martin (geb. 1486 zu Sorau, gest. 1556 zu Magdeburg); seine z. T. deutsch, z. T. lateinisch geschriebenen Werke sind für die Musikgeschichte von hohem Werte.
Air = Arie 138
d'Albert, Eugen, geb. 1864 zu Glasgow, lebt in Berlin, Weimar, Wien u. s. w. konzertierend.
Albrechtsberger, Johann Georg (geb. 1736 zu Kloster-Neuburg bei Wien, gest. 1809 zu Wien), Lehrer von Beethoven und befreundet mit Mozart; ausgezeichneter Theoretiker und Verfasser mehrerer theoretischer Werke.
Alexandre-Orgel siehe Amerikanische Orgel.

| Allabreve Takt | bis | Araber |

Seite

Allabreve Takt (𝄵, beschleunigtes Tempo. 124
alla marcia (sprich: martscha), marschartig.
alla pollacca, wie eine Polonaise.
„ **siciliano** (sprich: sitschiliáno), sicilianisch.
„ **turca**, türkisch.
„ **zingara**, nach Zigeunerart (leidenschaftlich).
allargiando (sprich: allardschándo) breiter werdend.
allegretto, munter.
Allegri, Gregorio, geb. 1590 zu Rom, gest. 1652 zu Rom
allegro, geschwind.
Alleg^{tto} = Alegretto.
Alleluja = Halleluja.
Allemande 123
All^o, Allegro.
all'ott, (= 8va), eine Oktave höher. 175
Altstimme . . . .
alternativo, alternierend, abwechselnd. 171
Alt-Horn 159
Alt-Klarinette . . . .
Alto 1) = Alt(stimme), 2) = Bratsche. 168
Alt-Posaune 60
Amati . . . .
Amati, Andrea, gest. 1577.
„ Antonio, geb. 1550, gest. 1635.
„ Nicola, arbeitete von 1568—86.
„ Geronimo, gest. 1638.
„ Nicola, 1596—1684.
„ Geronimo, 1649—1730.
„ Giuseppe, Anfang des XVII. Jahrhunderts.
Ambros, August Wilhelm (geb. 1816 zu Mauth bei Prag, gest. 1876 in Wien), Musikästhetiker und vor allem Historiker, dessen Musikgeschichte die vorzüglichste ist. Leider starb A. vor der Vollendung des Werkes. Band 5 enthält eine Beispielsammlung nach den von A. hinterlassenen Materialien, von Otto Kade zusammengestellt.
Ambrosianische Gesänge 46
Ambrosius gest. 397. 46
Amerikanische Orgel, e. Art Harmonium (vgl. dies), welche durch Ein-
s a u g e n von Luft die Zungen zum Ertönen bringt.
Analyse (eines musikalischen Kunstwerks), eine den formellen Aufbau und den geistigen Inhalt zergliedernde Untersuchung derselben.
andante, gehend (langsam).
andantino, etwas langsamer als andante. — Auch eine Komposition im Andante von geringerem Umfange.
And^{no} = Andantino.
And^{te} = Andante. — Auch e. Komposition im Andante-Tempo.
Anglaise, alter englischer Tanz.
anima, Seele. Gemüth.
animato, con anima, 1) seelenvoll, gemütvoll, 2) belebt. 135
Animuccia, Giovanni, gest. ca. 1570
Ansatz, die Art wie ein Sänger oder Spieler eines Instruments den An-
fangston einer musikalischen Phrase hervorbringt. 188
Anticipation (harmonische) 46
Antiphonie siehe Kirchengesänge.
appassionato, leidenschaftlich.
Applicatur, Fingersatz. 41
Araber, Tonsystem, Musikinstrumente, Notenschrift etc. . . .

	Seite
Araja, Francesco ca. 1700—1770	64
arco = coll'arco.	151
Arie	138
Arietta	138

Arioso, kurzes, melodisches Sätzchen; liedartig.

Aristoteles, 384—322 v. Chr., Schüler des Plato. Die in seinen Schriften erhaltenen Abhandlungen über Musik sind von grosser Bedeutung.

Aristoxenos, um 354 v. Chr. geb. Schüler des Atristoteles, der wichtigste von denen, aus deren Schriften wir über griechische Musik belehrt werden. Aristoxenos ist Gegner der pythagoräischen Anschauungen; nicht die Zahl, sondern die Harmonie ist für ihn grundlegend.

Arne, Augustine Thomas (geb. 1710 zu London, gest. 1778 zu London)	64

arp., Abkürzg. f. **arpeggio** (sprich: arpédscho) harfenartig gebrocher Akkord.

assai, genug, sehr.

a. t. = a tempo; Wiederaufnahme des Tempo nach vorhergehender Beschleunigung oder Verzögerung.

attacca, fange sogleich an; steht an dem Schluss eines Abschnitts, an den sich der folgende ohne Pause anschliessen soll.

Auber, Daniel François (geb. 1782 zu Caen, gest. 1871 zu Paris)	62
Auftakt	106
Augmentation	144
Aussenstimme	103
authentisch	44
B durum	45
B molle	45
B quadratum	45
B rotundum	45

Bach, Christoph Friedrich, Bückeburger Bach genannt (1732—1795). Sohn von J. S. Bach.

Bach, Johann Sebastian, geb. 1685 zu Eisenach, gest 1750 zu Leipzig	66, 137
Bach, Karl Philipp Emanuel, Hamburger oder Berliner Bach genannt (1714—1788). Sohn von J. S. Bach	68, 129

Bach, Wilhelm Friedemann, der Hallische Bach genannt (1710—1784). Sohn von J. S. Bach.

Bagatelle, Name eines Tonstücks von geringem Umfang und meist kurz gehaltener musikalischer Konzeption.

Balbeke, Ludwig von, ca. 1300; soll das Orgelpedal erfunden haben.

Ballade, ursprüngl. Tanzlied — heute erzählende Dichtung für Solo-Gesang mit Orchester oder Klavierbegleitung; wenn grösser, mit Chören, Soli u. s. w. Im übertragenen Sinne giebt es B als Instrumentalkomposition.

Ballet-Musik, die Musik zum Tanzen solistischer oder choristischer Ausführung, oft mit einer durch Pantomimik erläuterten Handlung verbunden. Ballet-Musik findet sich locker oder gar nicht mit dem Uebrigen zusammenhängend als Einschiebsel in Opern, Operetten und Schauspielen, oder füllt für sich ein ganzes in sich abgeschlossenes Werk aus.

Bänderglottis, der vordere, zwischen den Stimmbändern liegende Teil der Stimmritze.

Banjo, ein Negerinstrument, ähnlich der Guitarre mit langem Hals und einer flachen auf der Rückseite offenen Trommel als Schallkörper; hat 5—9 Saiten.

Barcarole, italienisches Schifferlied.

Bardi, Graf, zu Florenz um 1580	56
Baryton	171, 176
Baskische Trommel	173

		Seite
Bass		175
Bass-Clarinette		159

Basset-Horn = Alt-Klarinette in F. Siehe Klarinette.

Bass-Ophikleide		171
Basso ostinato		125
Bass-Posaune		169
Bass-Schlüssel siehe Schlüsselzeichen.		153, 189
Bass-Tuba		171

Battuta, Taktschlag. Ritmo di tre oder quattro battute: der Rhythmus von 3 oder 4 Takten soll zusammengefasst einen Takt höherer Ordnung bilden.

Becken		174
Beethoven, Ludwig van (1770—1827)		72, 132

Bellermann, Gottfried Heinrich (geb. 1832 zu Berlin), Musikschriftsteller, verfasste u. a. Lehrbuch über Contrapunkt u. eine bedeutende Arbeit über Mensuralnoten und Taktzeichen des XV. und XVI. Jahrhunderts.

Bellini, Vincenzo (geb. 1801 zu Catania, gest. 1835 zu Puteaux bei Paris)		59
Benda, Georg (geb. 1721 bei Jungbunzlau, gest. 1795 zu Köstriz)		139
Benedictus siehe Messe		134

Berceuse, Wiegenlied.

Berlioz, Hector (geb. 1803 zu Côte St. André (Isère), gest. 1869 zu Paris)		63, 88

Binchois, Gilles, um 1400 im Hennegau, einer der ältesten Niederländer Meister.

Bird = Byrd.

bis, zweimal.

Bizet, Georges (geb. 1838 zu Paris, gest. 1875 zu Bougival)		63
Bläser = Blasinstrumente		155

Blatt = Zunge.

Blechbläser, siehe Blasinstrumente.

Boccherini, Luigi (geb. 1743 zu Lucca, gest. 1805 zu Madrid), bedeutender Kammermusik-Komponist, besonders Streich-Trios, Quartette u. s. w.

Boëtius, Ancius Manlius Torquatus Severinus ca. 475—524 n. Chr. in Italien, Philosoph und Mathematiker; seine 5 Bücher „De Musica" sind von unschätzbarem Werth für das Studium der Musik der Griechen und der aus jener emporkeimenden Anschauungen des Mittelalters.

Böhm, Theobald (1794—1881)		157
Boieldieu, François Adrien (geb. 1775 zu Rouen, gest. 1834 zu Jarcy)		62

Bolero, spanischer Nationaltanz in 3/4 Takt.

Bombardon		171
Bourrée		126

Br. = Bratsche.

Brahms, Johannes (1833 geb. zu Hamburg, lebt in Wien)		87
Branle od. Bransle		125
Bratsche = Viola		152
Bratscheschlüssel		152
Bravour-Arie		138

Brendel, Karl Franz (geb. 1811 in Stolberg, gest. 1868 in Leipzig), Musikschriftsteller, verfasste u. a. eine Musikgeschichte.

brioso, frisch.

Bruch, Max (geb. 1838 zu Köln)		85
Brückler, Hugo (geb. 1845 zu Dresden, gest. 1871 zu Dresden)		76
Brüll, Ignaz (geb. 1846 zu Prossnitz)		84

Brust-Stimmen (Töne). Bei Erzeugung der Brusttöne schwingen die Stimmbänder in ihrer ganzen Länge und Breite.

Bss., Abkürzung für Bass.

Buchstaben-Notenschrift bis (vergleiche auch K) Chrysander

	Seite
Buchstaben-Notenschrift	48
buffo, komisch (z. B. Opera buffa; komische Oper, **Bass-buffo-Partie**: die Partie eines Bassisten, welche komisch ist).	58
Bügelhorn = Signalhorn.	
Bülow, Hans Guido von (geb. 1830 zu Dresden, gest. 1894 zu Kairo)	87, 181

Bünde heissen die schmalen Metall- oder Holzstreifen, welche quer über die Griffbretter einiger Saiteninstrumente (Laute, Mandoline, Guitarre u. Zither) laufen, um die Stellen zu bezeichnen, an welchen die Saiten (welche vom Spieler auf diese Bünde mit der linken Hand gedrückt werden,während die rechte Hand die Saiten zupft) abgeteilt, d. h. gegriffen werden müssen, um einen bestimmten Ton zu erhalten.

burlesco, spassig, possierlich.

Burney, Charles (geb. 1726 zu Schrewsbury gest. 1814 daselbst), bedeutender Musikhistoriker.

Buus, Jaques de ca. 1550	52

Byrd (Bird), William (1538—1623, London), fruchtbarer, bedeutender englischer Kirchenkomponist.

C, siehe auch unter K nach.

C = con, mit.

c. B. = col Basso, mit dem Bass.

C. B. = Kb.

c. sord = con sordini.

Caccini, Giulio, geb. ca. 1550 zu Rom	56
calando, beruhigend (bezeichnet Nachlassen im Tempo und Tonstärke).	
Canarie	124
Cantus firmus	142
Cantus planus siehe Kirchengesänge	46

Canzone (it.), mehrstimmiger, weltlicher Satz.

Canzonetta, eine kleine Canzone.

Capella (it.), a capella, unbegleitete Vokalkomposition.

Capriccio (spr. kapritscho), Tonstück von unbestimmter Form, launigen originell-pikanten Inhalts, gleich dem Scherzo.

Carillon, Tonstück, welches den Klang von Glöckchen imitieren soll.

Carissimi, Giacomo (geb. 1604 zuMarino, gest. 1674 zu Rom)	57, 136
Cavaliere, Emilio um 1550 geb.	56, 135
Cavatine	138
Cavos, Catterino (1775—1840)	64
Cbss. = Contrabass	153
Cello	153
Cembalo (spr. tschembalo) = Klavier.	
Chaconne	125
Chanson = Canzone.	
Cherubini, Maria Luigi (geb. 1760 zu Florenz, gest. 1842 zu Paris)	62
Chinesen, Tonsystem, Musikinstrumente, Notenschrift	40
Chopin, Frédéric François (geb. 1809 zu Zelazowa Wola, gest. 1849 zu Paris)	79

Choral, beim christl. Gottesdienst eingeführter Chorgesang der Gemeinde

chörig, den Saitenbezug betreffend; z. B. ein dreichöriges Klavier ist ein solches, das zu einem Ton je drei Saiten, welche im unisono gestimmt sind, besitzt. In den tieferen Tönen sind Klaviere zwei-, für die untersten Basstöne sogar nur einchörig.

chromatisch	93

Chrysander, Friedrich (geb. 1826 zu Lübtheen in Mecklenburg). Hochbedeutender Musikschriftsteller, ist Verfasser einer Händel-Biographie und redigierte die Herausgabe der Werke Händels, der von ihm mitbegründeten Händel-Gesellschaft. Wertvolle Artikel in Zeitschriften sowie andere historische Aufsätze schrieb er in grosser Anzahl und begründete 1885 eine Vierteljahrsschrift für Musikwissenschaft.

		Seite
Ciaconne		125
Cimarosa, Domenico (1749—1801)		58
cinelli (spr. tschinelli) = Becken		174
Clar., Abkürzung für Clarinette.		
Clarinette		158
Clarino, s. w. u. Trompete, früher Name der hohen Solo-Trompete.		
Clavicembalo (spr. Clavitschembalo)		52
Clavichord		51
Clementi, Muzio (geb. 1752 zu Rom, gest. 1832 zu Evesham b. London).		68
Coda, Anhang		121
col, anstatt con il, mit dem.		
coll', vor Vokalen statt con la oder con lo.		
colla (anstatt con la), mit der.		
colla parte, die Begleitung soll sich im Vortrag nach den für die Hauptstimme vorgeschriebenen oder sich durch diese von selbst ergebenden (wenn sie z. B. eine Gesangsstimme ist) Vortragsnüancen richten.		
coll' arco		151
coll' legno (spr. lénjo)		152
collo (statt con lo) mit dem.		
Colorit, Farbengebung, ein aus der Malerei auf die Musik übertragener Begriff für die Gesamtwirkung einer Klangfarben-Zusammenstellung; man spricht z. B. von dem dunkelen und hellen, oder glänzenden Colorit einer Instrumentation, oder überträgt diesen Begriff auch auf abstrakte Eigenschaften und spricht dann z. B. von einem freundlichen Colorit u. s. w.		
Comes, Gefährte		144
Commer, Franz (geb. 1813 zu Köln, gest. 1887 zu Berlin), gab umfangreiche Sammelwerke älterer Kompositionen heraus [»Musica sacra (26 Bände) und Collectio operum musicorum Batavorum saeculi XVI (12 Bände).«]		
Commodo bequem, gemächlich (a suo commodo, nach Belieben).		
compiacevole (sprich compiatschévole), gefällig.		
con brio, frisch, lebhaft.		
con fuoco, mit Feuer.		
con moto, mit Bewegung.		
con tutta la forza, mit aller Kraft.		
Concertino		178
conseguenza		144
Consonant		99
Continuo = Basso continuo.		
Contrabass		153
Contrasubject		144
Corda, Saite.		
corde, Saiten, (una corda siehe una, due corde, tre corde siehe due, tre).		
Corelli, Arcangelo (geb. 1653 zu Fusignano, gest. 1713 zu Rom).		60, 129
Cornelius, Peter (1824—1874)		83
Cornet à pistons		170
Corno = Horn.		
Corno inglese = Englisch Horn.		
Corrente od. Courante		123
Couperin, François (1668—1733)		
Couplet		131
Coussemaker, Charles Edmont Henri de (geb. 1805 zu Bailleul, gest. 1876 zu Bourbourg) erwarb sich um die Erforschung der Musik des Mittelalters grosse Verdienste.		68
Cramer, Johann Baptist (1771—1858)		134
Credo siehe Messe		

crescendo bis (vergleiche auch k) Doppelkreuz

	Seite
crescendo (sprich creschéndo)	106
Cristofori, Bartolomeo (geb. 1655 zu Padua, gest. 1731 zu Florenz)	52
cyklische Kompositionsformen	126
Cymbal	155
Czerny, Karl (geb. 1791 zu Wien, gest. 1857 zu Wien)	69
Czibulka, Alfons, (geb. 1842 in Ungarn), Tanz- und Operettenkomponist.	

da, von.
IIda = seconda volta.
da capo, von Anfang an.
Dancla, Jean Baptiste Charles (geb. 1818), Violinkomponist.
David, Ferdinand (1810—1873), hochbedeutender Violinvirtuose und Lehrer
(von Joachim und Wilhelmj) sowie Komponist für sein Instrument. . . . 93
Decime
decrescendo, an Tonstärke allmählich abnehmend.
Dehn, Siegfried Wilh. (geb. 1799 in Altona, gest. 1858 in Berlin). Einer
der bedeutendsten Theoretiker seiner Zeit, veröffentlichte Lehr-
bücher über Harmonielehre u. Kontrapunkt.

Delibes, Léo (geb. 1836 zu Saint Germain, gest. 1891 zu Paris)	63
Denner, Christof (1655—1707)	159

destra = mano destra, mit der rechten Hand.
detonieren, den Ton herunterziehen, bezw. sinken lassen.

diatonisch	93, 94
Dies irae, siehe Requiem	134

Differenztöne = Kombinationstöne.

diminuendo = decrescendo.

Diminution	144
Discant = Sopran	175

Discant-Schlüssel = Sopran-Schlüssel (der C-Schlüssel I. Linie).

Discantus	53
	99
Dissonant	100
dissonante Accorde, classifiziert	101
Dissonanzen, charakteristische	66
Ditters von Dittersdorf, Karl (geb. 1739 zu Wien, gest. 1799 bei Neuhaus)	
div., Abkürzung für divisi.	
Divertimento oder Divertissement	127

Divisi (abgekürzt div.), geteilt, bedeutet für Orchesterinstrumente, dass
sie nicht mehrere Stimmen zugleich in Form von Doppelgriffen
spielen sollen, sondern sich in 1, u. 2, u. s. w. Stimme teilen sollen.
do, ital. Solmisationssylbe für die Note c.
dolce (sprich dóltsche), con dolcezza, sanft, lieblich.
dolendo, klagend.

Dominante	100

Domine Jesu Christe, siehe Requiem.
Dommer, Arrey von (geb. 1828 zu Danzig), Musikschriftsteller; verfasste
u. a. ein treffliches Musiklexikon und ein Handbuch der Musik-
Geschichte.

Doni, Giovanni Battista (1593—1647)

Donizetti, Gaëtano (geb. 1797 zu Prag, gest. 1848 zu Paris)	59

Doppelchor 1) zwei selbständige, jedoch zusammenwirkende Chöre;
2) eine Komposition in der zwei getrennte Chöre zur Ausführung
verlangt werden.

Doppelfuge	147
Doppelkreuz	92

Doppelschlagszeichen   bis   enharmonische Verwechselung

Seite

Doppelschlagszeichen ∾

Ausführung. Wenn das Doppelschlagszeichen hinter d. h. nicht gerade über, sondern rechts über der Hauptnote steht, so wird diese vor Ausführung des Doppelschlages angeschlagen. Der Rhythmus der Ausführung kann auch modifiziert werden. Vgl. Neumen.

Doppelstrich zeigt das Ende eines Abschnittes einer Komposition an.

dorisch	42
Doubles	125
Doxologie (griech. Lobpreisung). Das Gloria-Singen. (Die sogen. grosse Doxologie: Gloria in excelsis deo. Die kleine D.: Gloria patri et filio etc.).	
Drehleier siehe Organistrum.	
Dreiklänge	96
Dudelsack s. Sackpfeife	53, 154
due, zwei. a due, zu zweien heisst in Orchesterpartituren, dass die zwei Instrumente, für welche die Noten auf nur e i n e m Liniensystem notiert werden z. B. 1. und 2. Flöte, Oboe u. s. w. zusammen die betreffende Stimme zu spielen haben.	
due corde, auf zwei Saiten, halbe Dämpfung (siehe Verschiebung).	
Duett, Komposition für zwei Singstimmen oder zwei gleiche Instrumente.	
Dufay, Guillaume (ca. 1400—1474), bedeutender französischer Komponist.	
Dulffopruegar, Caspar, ca. 1511.	50
Duni, Egidio Romoaldo (1709—1775)	62
Dunstable, John, XV. Jhdt. bedeutender englischer Kontrapunktist.	
Dunstede, Simon (gest. 1369), schrieb musiktheoretische Werke, welche wichtige Aufschlüsse über die Zeit der Mensuralmusik geben	140
Duo, Komposition für zwei verschiedene Instrumente.	
Duodecime	93
Duole	110
Dur	94
Durante, Francesco (geb. 1684 zu Frattamaggiore, gest. 1755 zu Neapel)	58
Durchführung	130
Durchgangstöne, zwischen den Haupttönen einer Klangvertretung (siehe Dur-Moll-Accord) eingeschaltete Töne.	
durchkomponiert (siehe Lied).	127
Dussek, Johann Ladislaus (geb. 1761 zu Tschaslau in Böhmen, gest. 1812 zu St. Germain); vorzüglicher Pianist; einer der ersten, der dem Ton des Klaviers Grösse und Fülle abgewann. Eine grosse Anzahl seiner Kompositionen für Klavier, für Violine, sowie Trios werden gern gespielt.	
Dux	144
Dvorak, Anton (geb. 1841 zu Mühlhausen in Böhmen)	87
Dynamik	108
Écossaise, Contretanz in lebhaftem 2/4 Takt, früher ein schottischer Rundtanz im 3/4 od. 3/2 Takt.	
Einklang od. Gleichklang = reine Prime.	
Engführung	144
Englisch Horn	160
enharmonisch	111
enharmonische Verwechselung	113

		Seite

Ensemble = 1) das einheitliche Zusammenwirken aller Faktoren, welche notwendig sind, um der Wiedergabe eines Kunstwerks, die in den Händen Vieler liegt, künstlerisch gerecht zu werden. 2) Die Masse im Gegensatz zum Einzelnen z. B.: ein Orchester- oder Chor-Ensemble gegenüber den Solisten. 3) Ensemble s p i e l im Besonderen ist die Ausführung von Ensemblekompositionen d. h. solchen für mehrere Instrumente oder mehrere Stimmen mit zwei oder mehr Ausführenden.

Entr'acte (franz.) Zwischenaktmusik.

Entrée = Ouverture (†gl. dies) 126

Érard, Sébastian (1752—1831), berühmter Klavierbauer, Erfinder der Repetitionsmechanik (siehe das.) am Pianoforte und der modernen Pedalharfe.

Erk, Ludwig (geb. 1807 zu Wetzlar, gest. 1883 zu Berlin), bekannt durch seine Volksliedersammlungen [z. B. »Liederschatz« Edition Peters, dessen erster Band zumal die Perlen unserer Volkslieder mit schlichter Begleitung enthält].

Espressione, Ausdruck.

espressivo = ausdrucksvoll.

Euphonium 171

f = forte, stark.

fa, Solmisationssylbe für die Note f.

Fag., Abkürzg. für Fagott.

Fagott 161

Falsett = Fistelstimme. Beim Einsatz der Falsetttöne kann die Glottis (siehe das.) geschlossen sein, die Bänderglottis (siehe das.) einen Spalt bilden, dagegen muss die Knorpelglottis geschlossen sein. Während der Dauer des Tones bleibt die Glottis spaltförmig geöffnet. Die tongebenden Schwingungen bilden sich am scharfen Rande der Stimmbänder, und v o r z u g s w e i s e durch L u f t - s c h w i n g u n g e n, weniger durch Zungenschwingungen (siehe das.). Daher das mehr flötenartige Klanggepräge der Stimme in diesem Register. (Siehe Tonbildung der Flöte).

Fantasie, eine an keine bestimmte Form gebundene Komposition; in anderer Bedeutung siehe auch 143

fastuoso, prunkvoll.

Fauxbourdon 53

Fermate = ⌒ 109

festivamente, festivo, festoso, festlich.

Fétis, Francois Joseph (geb. 1784 zu Mons in Belgien, gest. 1871 zu Brüssel), Theoretiker, Historiker und Philosoph, aus dessen Schriften hervorzuheben sind »Histoire général de la musique« (bis ins XV. Jhdt.) und »Biographie universelle des musiciens et bibliographie générale de la musique.« Sämmtliche Arbeiten von F. sind hervorragend.

ff, fortissimo, sehr stark.

fff, fortissimo possibile, so stark als möglich.

Field, John, (geb. 1782 zu Dublin, gest. 1837 zu Moskau) 189

Figuration 116

Finale = Schlusssatz.

Fine = Ende.

Fistelstimme siehe Falsett.

Fl. = Flöte.

Fl. gr. = Flauto grande, grosse Flöte.

Fl. picc. = Flauto piccolo, kleine Flöte.

Flageolett 151

		Seite
Flauto = Flöte.		
Flöte		156
Flöte, kleine		157
Flotow, Friedrich, Freiherr von (geb. 1812 auf Rittergut Teutendorf in Mecklenburg, gest. 1883 zu Darmstadt)		80
Flügelhorn = Signalhorn, Bügelhorn		170
Forkel, Johann Nicolaus (geb. 1749 zu Meeder bei Coburg, gest. 1818 zu Göttingen), bedeutender Musikhistoriker und Bibliograph.		
Formenaufbau in der Komposition		114
forte, stark.		
fortissimo, sehr stark.		
Forza = Kraft.		
Forzato = Sforzate.		
Franco, von Cöln und **Franco** von Paris, vermuthlich die Autoren der mit Franco als Autor bezeichneten wichtigen Traktate über Mensuralmusik und Anfänge der Mehrstimmigkeit. F. von Cöln XII—XIII. Jhdt; F. von Paris vermuthlich älter als jener.		
Franz, Robert [eigentlich von Knauth], (geb. 1815 zu Halle, gest. 1892 zu Halle)		75
Frottole, volksliederähnliche ital. Gesänge des XVI. Jhdts.		
Fugato		147
Fuge		143
Fughette		147
Führer		144
Füllstimme		140
funèbre, traurig		
funerale, traurig.		
Fuoco, Feuer, con fuoco, feurig		
furioso, wütend, rasend.		
füssig, z. B. 8füssig (8') u. s. w., siehe Orgel.		
Fux, Johann Joseph (geb. 1660 zu Hirtenfeld, gest. 1741 zu Wien). Theoretiker und Komponist; gab ein bedeutendes Lehrbuch des Kontrapunktes »Gradus ad Parnassum« heraus.		
Gabrieli, Andrea (ca. 1510—1586)		128
Gabrieli, Giovanni (1557—1612)		
Gade, Niels. Wilhelm (geb. 1817 zu Kopenhagen, gest. 1890 zu Kopenhagen)		85
Gagliarda oder **Gaillarde**		126
Galuppi, Baldassare (geb. 1706 zu Burano, gest. 1785 zu Venedig)		58
Gambe = Viola da Gamba, Kniegeige. Ein dem Cello ähnliches Instrument.		
Ganzschluss = Schluss.		
Ganzton, diatonischer		93
Gavotte		124
gedakt = gedeckte Labialstimmen der Orgel.		
Gefährte		144
Gegenbewegung		104
Gegenharmonie siehe Fuge.		
Gegensatz		144
Gegenstimme		144
Geige		150
Gemischter Chor		175
Genée, Franz Friedr. Richard (geb. 1823, gest. 1895 zu Wien)		84
Generalbass		52, 135
Generalbassbezifferung		182
Geräusch		91
Gerber, Ernst Ludwig (geb. 1746 zu Sondershausen, gest. 1819 zu Sondershausen), Verfasser eines historisch-biographischen Lexikons.		

14

	Seite
Gerbert, Martin, Fürstabt von St. Blasien (geb. 1720 zu Horb a. Nekar, gest 1793 zu St. Blasien), Musikhistoriker; sein »Scriptores ecclesiastici de musica sacra potissimum« ist ein für das Studium der mittelalterlichen Musikgeschichte höchst wertvolles Buch.	
Geschichte der Musik	39
Geschwindigkeit von Tonstücken, relative und absolute	109
Gesius, Bartolomeus (1555—1613)	136
Gevaert, François Auguste (geb. 1828 zu Huisse), hervorragender Musikgelehrter und Komponist. Seine Instrumentationslehre (deutsch von Riemann) ist neben der von H. Berlioz die beste.	
Giaconne (spr. Dschaconne) = Chaconne.	
Giga (spr. Dschiga) = Gigue.	
Gigue (franz.)	124
giocoso (dschocóso) heiter, scherzhaft.	
Glareanus [Heinrich Loris aus Glarus] (1488—1563); Gelehrter und Musiktheoretiker; seine Hauptwerke »Isagoge in musicen« und »Dodecachordon «	
Gleichklang — reine Prime	93
gleichschwebend temperiert	113
Glinka, Michael Iwanowitsch (geb. 1803 zu Nowospask, gest. 1857 zu Berlin)	64
glissando, gleitend: auf der Violine ein Fortgleiten mit dem Finger auf der Saite, wodurch sich accentlos Ton an Ton vollkommen gebunden anschliesst. Auf dem Klavier die geschwinde Ausführung einer Tonleiter (von Untertasten) durch Niederdrücken der Tasten mit dem Fingernagel.	
Glockenspiel	173
Gloria siehe Messe.	
Glottis = Stimmritze	
Glottischlag, der Stimmansatz, bei dem vor dem Angeben des Tones die Stimmritze ihrer ganzen Länge nach geschlossen ist.	
Gluck, Christoph. Willibald, Ritter von (geb. 1714 zu Weidenwang, gest. 1787 zu Wien)	62, 69
Godard, Benjamin (1849—1895), komponierte Opern, Symphonien, Kammermusikwerke liebenswürdigen Genres	
Goldmark, Karl (geb. 1830 zu Keszethely in Ungarn)	83, 90
Gondoliera = Barcarole.	
Götz, Hermann (1840—76),	84
Gounod, Charles François (geb. 1818 zu Paris, gest. 1893 zu Paris)	63
gr. Tr. = grosse Trommel	
Gracia (sprich; grádrcha), Anmut (con G.).	
gran = gross.	
grandezza, Würde.	
Graun, Karl Heinrich (geb. 1701 zu Waarenbrück, gest. 1759 zu Berlin)	68
grave, ernsthaft, schwer.	
Gravità, Ernst, Würde.	
grazioso, anmutig.	
Gregor der Grosse, (Papst von 590—604)	46, 134
Gregorianische Kirchengesänge	46
Grell, Eduard August, (geb. 1800 zu Berlin, gest. 1886 zu Steglitz), trefflicher Vokalkomponist.	
Gretry, André Ernéste (1741—1813)	62
Griechen, Theorie, Musikinstrumente und Notenschrift	41
Grieg, Edward Hagerup (geb. 1843 zu Bergen in Norwegen)	85
Griffbrett, das auf dem Hals eines Streichinstrumentes angebrachte Brett, auf welches die Saiten beim Verkürzen mit dem Finger aufgedrückt werden.	

Grundton bis Hilfsnote

                            Seite

Grundton eines Dreiklangs 97
Grundton einer Obertonreihe 94
Grundton der Tonleiter = Tonika.
Guarnerius (Guarneri), Andrea, arbeitete von 1650—95. 60
  Giuseppe arbeitete von 1690—1730.
  Giuseppe Antonio (genannt del Gesu) geb. 1683, gest. 1745.
  Pietro arbeitete von 1690—1725.
  Pietro » » 1725—40.
Guida = Führer (siehe Figur) 144
Guido von Arezzo (Aretinus) 995—1050 46
Guitarre 154
guter (Taktteil) = schwer 105

Hackbrett = Cymbal.
Haendel, Georg Friedrich (geb. 1685 zu Halle, gest. 1759 zu London) . 65, 136
Halbmond siehe Mohamedsfahne.
Halbsatz 115
Halbschluss 119
Halbton(schritte) 93, 108
Halévy, Jacques François (geb. 1799 zu Paris, gest. 1862 zu Nizza). 63
Halleluja, aus dem Hebräischen: »Lobe den Herrn.«
Halleluja-Gesänge, Gesänge mit langatmigen Notengruppen, denen man
  man die Textsylben Halleluja unterlegte. Diese Anhängsel auf den
  Text des Halleluja nannte man auch Sequenzen.
Handtrommel = Tambourin.
Hanslick, Eduard (geb. 1825 zu Prag). Als Kritiker, Historiker und
  Aesthetiker durch seine Schrift »Vom musikalisch Schönen« bekannt. 88
Harfe 154
Harmonie, Harmonielehre 103, 117
Harmonika siehe Zieh-Harmonika.
Harmonika-Töne siehe Flageolett.
Harmonium, orgelartiges Tasteninstrument, bei dem frei schwingende
  Metallzungen durch Luftdruck zum Schwingen (Ertönen) ge-
  bracht werden (siehe Amerikanische Orgel).
Hartmann, Emil (geb. 1836) 85
Hasse, Johann Adolf (1699—1783) 58
Hauptmann, Moritz (geb. 1792 zu Dresden, gest. 1868 zu Leipzig) . 97
Hauptnote, bei Verzierungen diejenige, über der das Verzierungszeichen
  steht.
Hauptsatz 131
Hauptstimme 104
Haydn, Joseph (geb. 1732 zu Rohrau, gest. 1809 zu Wien). 70
Hebenstreit, Pantaleon (1660—1750), Erfinder des nach ihm benannten
  »Pantalon« oder »Pantaleon« (siehe das.).
Helikon 171
Heller, Stephen (geb. 1813 zu Pest, gest. 1888 zu Paris). 86
Helmholtz, Herm. Ludwig Ferdinand (geb. 1821 zu Potsdam, gest. 1894
  zu Charlottenburg) hat sich mit seinem Werk »Die Lehre von den
  Tonempfindungen« ein unsterbliches Verdienst für die Musik er-
  worben. Helmholtz war Prof. der Physiologie und Physik.
Henselt, Adolf von (1814—1889) 86
Hermann, Matthias, Mitte des XVI. Jhdts. 88
Hermannus genannt **Contractus** (der Gelähmte (1013—1054) . . 48
Herold, Louis Joseph Ferdinand (geb. 1791 zu Paris, gest. 1833 zu Paris) 63
Hexachord 46
Hilfsnote, die einer Hauptnote (siehe daselbst) benachbarte Note: die
  Ober- oder Unter-Secunde der Hauptnote.

	Seite
Hiller, Ferdinand (geb. 1811 zu Frankfurt a. M., gest. 1885 zu Köln)	85
Hiller, Johann Adam (geb. 1728 zu Wendisch Ossig, gest 1804 zu Leipzig)	66
Himmel, Friedrich Heinrich (1765—1814)	70
Hlzbl. = Holzbläser.	
Hob. = Hoboe = Oboe.	
Hofmann, Heinrich Karl (geb. 1842 zu Berlin)	90
Holstein, Franz von (1826—78).	83
Holzbl., Abkürzung für Holzbläser.	
homophon = eigentlich: gleichklingend, wird jedoch im Gegensatz zu polyphon in dem Sinne gebraucht, dass in einer Komposition eine Stimme vorherrscht (siehe polyphon).	
Horn	164
Hörn. = Hörner	164
Huber, Hans (geb. 1852 zu Schönwerth in der Schweiz)	90
Hucbald, Mönch von St. Amand in Flandern (ca. 840—930). Bedeutender Theoretiker. Hauptwerk »De Harmonica institutione« [Musica enchiriadis ist ihm aller Wahrscheinlichkeit nach fälschlich zugeschrieben]	48
Hummel, Joh. Nep. (geb. 1778 zu Pressburg, gest. 1837 zu Weimar).	
Humperdinck, Engelbert (geb. 1854 zu Siegburg, lebt zu Frankfurt a M.)	84
Hyper (griech.) = über z. B.: Hyperdiapente = Oberquinte, Hyperdiatesseron = Oberquarte. In Zusammensetzung mit dem Namen der griechischen Skalen z. B.: hyperaeolisch, hyperphrygisch u. s. w. bedeutet hyper: eine Quarte höher.	
hypoaeolisch	45
hypodorisch	45
hypojonisch	45
hypolydisch	45
hypomiscolydisch	45
hypophrygisch	45

Jadassohn, Salomon (geb. 1831 zu Breslau), bekannt durch seine Lehrbücher der Harmonie, des Kontrapunktes, der Instrumentation u. s. w.	
Janitscharenmusik. Instrumentalmusik aus Blas- und Schlaginstrumenten.	
Jankó, Paul von (geb. 1856 zu Totis in Ungarn). Erfinder der Janko-Klaviatur an Klavieren, welche aus 6 übereinander terassenförmig angeordneten Klaviaturen besteht, deren 2 untere eine chromatische Tonreihe darstellen, während die 4 obere Tastenreihen, indem sie auf dieselben Hebel einwirken wie die unteren, nur Wiederholungen der Tonreihe dieser sind. Der Vorzug der Janko-Klaviatur ist vor allem die geringe Spannweite (nur 5/7 der gewöhnlichen Spannweite für die Oktave) für grosse Intervalle, und damit die Möglichkeit neuer Klangeffecte. Auch ein Glissando in chromatischer Tonfolge und in allen möglichen Intervallen ist auf dieser Klaviatur ausführbar.	
Jannequin, Clément, XVI. Jhdt.	88
Jensen, Adolf (1837—1879)	75
il, italienischer Artikel = der, das.	
Imitation = Nachahmung.	
Inder, Tonsystem, Musikinstrumente, Notenschrift	40
Innenstimme	103
Instrumentation	176
Interludium	
Intermezzo, Zwischenspiel, in übertragener Bedeutung Name für eine kleinere Instrumentalkomposition.	
Intermezzo in der Suite	126

Intervall   bis   (vergleiche auch C) Klavier-Quartett

	Seite
Intervall	93, 99
Introduction-Einführung (besonders das dem Hauptthema vorangehende kurze Einleitnngssätzchen).	
Inversion = Umkehrung	189
Joachim, Jos. (geb. 1831 zu Kitse oei Pressburg, lebt in Berlin).	
Jomelli, Nicolo (gest. 1774 zu Neapel)	58
ionisch	45

K vergleiche auch C.

Kadenz, harmonische	119
Kadenz, melodische	119
Kammermusik	129
Kammersonate	128
Kammerstyl	129
Kammerton = Normalton.	
Kanon	140
Kantate	137
Kantilene siehe unter Cello	153
Kanzelle	162
Kanzone siehe Canzone.	
Kastagn. = Kastagnetten.	174
Kb. = Kontrabass.	
Kbss. = Kontrabässe.	
Keiser, Reinhard (1673—1739)	65
Kesselmundstück	164
Kesselpauke	41, 172
Kettentriller (auch Trillerkette), eine Aneinanderhängung von mehreren Trillern (gewöhnlich ohne Trillernachschlag hinter den zusammenhängenden Trillern).	
Kiel, Friedrich (geb. 1821 zu Puderbach, gest. 1885 zu Berlin), bedeutender Komponist. Oratorium Christus, Missa solemnis, zwei Requiem und vieles andere, auch Instrumentalmusik.	
Kiesewetter, Raphael Georg (geb. 1773 zu Holleschau, gest. 1850 zu Baden bei Wien), Musikschriftsteller, schrieb wertvolle Aufsätze musikhistorischen Inhalts.	
Kirchengesänge, Ambrosische	46
do. Gregorianische	46
Kirchensonaten	28
Kirchentonarten	42
Kirchentöne	44
Kirchner, Theodor (geb. 1823)	86
Kirnberger, Johann Philipp (geb. 1721 zu Saalfeld, gest. 1783 zu Berlin) angesehener Theoretiker.	
Kithara	41
Kl. Tr. = Kleine Trommel.	
Klang	91
Klangfarbe	148
Klanggeschlecht = Tongeschlecht.	
Klappen, Vorrichtung an Blasinstrumenten zum Verschliessen und Oeffnen der Tonlöcher.	
Klappenhorn, **Klappentrompete**, veraltete Blechblasinstrumente mit Klappen.	
Klar., Abkürzung für **Klarinette**.	158
Klav. = Klavier.	51
Klavier-Harmonika	173
Klavier-Quartett, -Quintett, -Trio = Ensemble von 2, 3, 4 Streichinstrumenten und einem Pianoforte. Siehe Kammermusik.	

Klavier-Virtuose   bis   Labial-Pfeifen

	Seite
Klavier-Virtuosen	189

Knorpelglottis, der h i n t e r e, zwischen den Kehlkopfknorpeln liegend Teil der Stimmritze. (Siehe Bruststimme, Kopfstimme, Falsett).

Koechel, Ludwig (geb. 1800 zu Stein a. Donau, gest. 1877 zu Wien), besonders bekannt durch sein »Chronologisch-systematisches Verzeichnis sämtlicher Tonwerke W. A. Mozarts.«

Koloratur	138
Koloratur-Arie	138

Kombinationstöne, Töne, welche durch das Zusammenklingen zweier gleichzeitig kräftig und anhaltend angegebener Töne verschiedener Tonhöhe entstehen können [Helmholtz nennt sie auch Differenztöne].

Konsonanzen, vollkommene: Prime, Quarte, Quinte, Oktave.

Kontra-Alt, tiefe Altstimme.

Kontrabass	153
Kontrabass-Posaune, die tiefste Posaunen-Gattung	169
Kontrafagott	161
Kontrapunkt	139
Kontrapunkt, doppelter	142
Konzert	132
Konzert-Ouverture	128

Kopf-Stimme (-Töne) begreift die höhere Reihe der mit Falsettmechanismus (siehe das.) erzeugten Töne in sich und beginnt mit dem Augenblick, in welchem n u r der Luftstrom (daher das flötenartige dieses Registers) n i c h t aber die Schwingungen der Stimmbänder den Ton erzeugen.

Koppel (siehe Orgel).

Korpus = Resonanzkörper eines Saiteninstrumentes.

Koschat, Thomas (geb. 1845 zu Viktring), bekannt durch seine Kärntner Volkslieder.

Köstlin, Heinrich (geb 1846). Kritiker, Schriftsteller und Aesthetiker.

Köstlin, Karl (geb. 1819, gest. 1894), Aesthetiker von Bedeutung.

Kretschmer, Edmund (geb. 1830)	84

Kretzschmar, Aug. Ferd. Hermann (geb. 1848) Musikschriftsteller, bekannt durch viele gediegene Aufsätze kritischen, analytischen und historischen Inhalts.

Kreutzer, Conradin (1780—1849)	79
Kreuz	92

Kücken, Friedrich Wilhelm (1810—1882), Komponist einer grossen Anzahl beliebter Lieder.

Kuhlau, Friedrich (geb. 1786 zu Uelzen, gest. 1832 zu Kopenhagen), komponierte ausser verschiedenen Kammermusikwerken die als Unterrichtsmaterial sehr geschätzten Sonatinen, Rondos u. Variationen.

Kuhnau, Johann (geb. 1660 zu Geising, gest. 1722 zu Leipzig)	128
Kullak, Theodor, 1818—1882	
Kunstlied	127
Kusser, Johann Siegmund (1657—1727)	65

Küster, Hermann (1817—1878), bekannt durch sein Werk »Populäre Vorträge über Bildung und Begründung eines musikalischen Urteils

Kyrie siehe Messe.

l' = der, die, das, ital Artikel vor Worten, die mit einem Vokal beginnen. statt l a, l o, ' :, (dem weiblichen Plural-Artikel).

la, Solmisationssylbe für den Ton a.

Labial-Pfeifen der Stimmen, Pfeifen, bei denen ein Luftstrom gegen die Kante des Pfeifenaufschnitts (der schnittartigen Oeffnung) getrieben die Tonerzeugung veranlasst.

		Seite

Labien, Lippen, die den Pfeifenaufschnitt (die schnittartige Oeffnung) oben und unten begrenzenden Kanten.
Lachner, Franz (1803—1890)
Lachner, Ignaz (1807—1895).
larghetto = etwas breit.
largo = breit, langsam.
Lassen, Eduard (geb. 1830), Komponist bekannter und gediegener Orchesterstücke und Lieder 84
Lasso, Orlando di (geb. 1520 zu Mons, gest. 1594 zu München) . . 138
Laudes = Lobgesänge.
Laute (siehe auch Bünde) 41, 52
Lautentabulatur siehe Tabulatur.
le siehe l'.
Lecocq, Alexander Charles (geb. 1832 zu Paris) 64
legato = gebundene Spielart d. h. ein Ton schliesst sich eng an den nächstfolgenden ohne Zwischenpause.
Legende, Tondichtung episch lyrischen Inhalts, im übertragenen Sinn auch für Instrumentalkompositionen gebräuchlich.
leggiero (sprich: ledschéro) leicht. Beim Klavierspiel ein Anschlag, bei welchem die Finger locker und ohne Betonung die Tasten berühren.
leicht 105
Leiteton 106
Leitetonschritt 106
leitereigene Töne und Akkorde sind solche, die der Haupttonart angehören.
Leitmotiv 80
lentando = slentando.
lento = langsam.
Leoncavallo, Ruggiero (geb. 1858 zu Neapel) 59
Libretto, Text zu Gesangskompositionen (besonders für grössere Werke gebräuchlich).
Lied 127
Liedform 121
Ligatur, heutzutage gleichbedeutend mit Synkopierung.
l'istesso tempo, dasselbe Tempo (wie im vorhergehenden),
Liszt, Franz (geb. 1811 zu Raiding in Ungarn, gest. 1886 zu Bayreuth) . 86, 89
lo = der, männlicher Artikel von Worten, die mit o und folgendem Konsonanten beginnen.
Locatelli, Pietro (1693—1764), bedeutender Violinist, einer der ersten, der durch Anwendung von Doppelgriffen mehrstimmiges Spiel auf der Violine anwandte,
loco = am Platz; hebt ein vorhergegangenes Oktavazeichen auf.
Logroscino, Nicolo (geb 1700 zu Neapel, gest. 1763 zu Neapel) . 58
Lortzing, Gustav Albert (geb. 1803 zu Berlin, gest. 1851 zu Berlin) „ 80
Loure 125
Löwe, Johann Karl Gottfried (geb. 1796 zu Löbejün b. Köthen, gest. 1869 zu Kiel) 75
lugubre = traurig.
Lully, Jean Baptiste (geb. 1633 zu Florenz, gest. 1687 zu Paris) . . 61, 127
lusignando (sprich: lusinjándo), schmeichelnd.
Luther, Martin (geb. 1483 zu Eisleben, gest. 1546 daselbst), hat sich um Neugestaltung des Kirchengesangs Verdienste erworben, dichtete selbst Liedertexte und soll auch einige derselben komponiert haben.
Lux aeterna siehe Messe.
lydisch 44
Lyra 41

m   bis   Mensural-Musik

Seite

m in Orgelkompositionen = manualiter.
m. d. = main droite oder mano destra, rechte Hand.
M. g. = main gauche, linke Hand.
m. M. = Metronom Mälzel
m. s. = mano sinistra, linke Hand.
m. v. = mezza voce.
ma = aber, ma non = aber nicht.
Ima = prima volta.
Mackenzie, Alexander (geb 1847 zu Edingburg) 64
maëstoso = majestätisch.
maggiore (sprich: maddschóre). 125
Maggini 60
majeur = Dur.
Maillart, Louis (geb. 1817 zu Montpellier, gest. 1871 zu Moulins). . 63
man. = manualiter
mancando = abnehmend d. h.: in Tonstärke und Tempo.
Mandoline 154
Manuale 103
manualiter (abgekürzt man. oder m.) bei Orgelkompositionen Vorschrift für: ohne Pedal.
marcatissimo = auf das schärfste hervorgehoben.
marcato, hervorgehoben, betont.
Marcia (sprich: Martscha), Marsch; marciale, kriegerisch.
Marpurg, Friedrich Wilhelm (geb. 1718 zu Seehausen, gest 1795 zu Berlin) schrieb theoretische Abhandlungen.
Marsch 122
Marschner, Heinrich August (geb. 1795 zu Zittau, gest. 1861 zu Hannover) 77
Martellato (gehämmert), ein mit grösster Kraft ausgeführtes breites Staccato.
Martini, Giambattista — Padre Martini — (geb 1706 zu Bologna. gest. 1784 zu Bologna) hat sich besonders mit seinen Hauptwerken »Storia della musica« und »Exempla ossia saggio fondamentale practico di contrapunto« einen Namen als Theoretiker und Musikhistoriker gemacht.
Marx, Adolf Bernhard (geb 1799 zu Halle, gest. 1866 zu Berlin), Musiktheoretiker, Aesthetiker und Beethoven-Biograph.
marziale (marciale) kriegerisch.
Mascagni, Pietro (geb. 1863 zu Livorno) 59
Mattheson, Johann, 1681—1764 (Hamburg), trefflicher Gelehrter, dessen Schriften für Musikgeschichte und Theorie von grösstem Interesse sind. 65
Mediante, ältere Bezeichnung für die Terz einer Tonika.
Méhul, Etienne Niclas (geb. 1763 zu Givet, gest. 1817 zu Paris) . . 62
Meistersinger, Meistersingerschulen 55
Melodie 102
Melodium-Orgel = Alexander-Orgel.
Melodrama 139
Mendel, Hermann (geb 1834 zu Halle, gest. 1876 zu Berlin). Verfasser des Musikalischen Konversationslexikons (von Reissmann vollendet).
Mendelssohn-Bartholdy, Felix (geb. 1809 zu Hamburg, gest. 1847 zu Leipzig) 77
Menestrels 54
meno = weniger.
Mensur 1) Verhältnis der Länge zur Weite einer Orgelpfeife: 2) die Griffverhältnisse (d. h. Abstand) der Tonlöcher an Blasinstrumenten; 3) an Saiteninstrumenten Längen von Saiten und Griffbrettern u. s w
Mensural-Musik 49

	Seite
Menuett	125

Mersenne, Marie, Franziskaner-Mönch (geb 1588 zu Oizé, gest. 1648 zu Paris), hat sich mit der Herausgabe der »Harmonie universelle« und andern ähnlichen Werken für die Erforschung der Musikgeschichte jener Zeit sehr verdient gemacht.

messa di voce, in der Gesangspädagogik das leise Einsetzen eines Tones, Anschwellen bis zum ff und Zurückgehen zum pp.

Messe	133
Messeltheorie siehe Araber	41
Messungen für Geschwindigkeit	109
„ für Tonstärke	109

mesto, traurig.

Methfessel, Albert Gottlieb (1785—1869), beliebter Komponist von Liedern, besonders für Chor und Männerstimmen.

Metrik	110
Metronom	110
Meyerbeer, Giacomo (geb. 1791 zu Berlin, gest. 1864 zu Paris)	63

mezza voce = mit halber Stimme, so viel wie piano.

mezzo = halb (z. B. mezzo piano, mezzo forte).

Mezzo-Sopran	175

mi = Solmisationssylbe für die Note e.

Millöcker, Carl (geb. 1842)	84

Minetto = Menuett.

mineur (frz.) = moll.

Minnesänger	54
minore	125
Minstrels = Menestrels	54
Missa (solemnis) = Messe	134

Missa pro defunctis = Requiem.

misterioso = geheimnisvoll.

Mittelstimmen, Stimmen zwichen Unter- und Oberstimmen einer mehrstimmigen Komposition.

mixolydisch oder myxolydisch	44

Mixturen siehe Orgel.

modto = moderato, gemässigt.

Modulation	101
Moll	94
Mollakkord	97, 98
Mollkadenz	120
Molltonleiter	98

molto = viel.

Monochord	41

Monodie (Einzelgesang), begleiteter Einzelgesang (um 1600 in Italien aufgekommen) im Gegensatz zum mehrstimmigen Gesang.

Monsigny, Pierre Alexandre (geb. 1729 zu Fauquembergue, gest. 1817 zu Paris)	62
Monteverde, Claudio di (1568 oder 1566—1649)	57

mo dent = ∾ z. B :

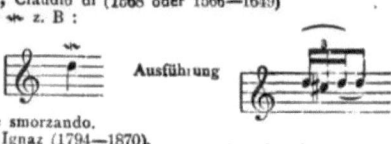

morendo = smorzando.

Moscheles, Ignaz (1794—1870).	68

mosso = bewegt.

	Seite
Moszkowsky, Moritz (geb. 1854)	86
Motette	138
Motiv	105
Mozart, Wolfgang Amadeus (geb. 1756 zu Salzburg. gest. 1791 Wien)	71

Muris, Johannes de, lebte in der ersten Hälfte des XIV. Jhdts. Bedeutender Theoretiker.

Murky-Bässe = Bassbegleitung in gebrochenen Oktaven, z. B.:

Musette	124
Musikdrama	57
Musikgeschichte	39

Mysterien, die im frühesten Mittelalter entstandenen scenischen Darstellungen aus der biblischen Geschichte mit Hinzuziehung der Musik.

Myxolidisch	44
Nachahmung	140
Nachsatz	116

Nachschlag, eine oder mehrere kleingedruckte Noten, die im engen Anschluss an eine längere Note auf diese folgen und meist durch einen Legatobogen mit ihr verbunden sind [siehe auch **Trillernachschlag**].

Nägeli, Johann Georg (geb. 1768 zu Zürich, gest. 1836 zu Zürich), veranstaltete gute Ausgaben Bachscher und Haendelscher Werke und begründete einen der ersten Männerchorgesangvereine (siehe Zelter).

Nanini, Giovani Maria (geb. 1540 zu Vallerano, gest. 1607 zu Rom) . . . 135

Nardini, Pietro (1722—1793).

Naturhorn	164
Naturskala = Obertonreihe	95
Naturtrompete	168

Naumann, Emil (geb. 1827 zu Berlin, gest. 1888 zu Dresden), schrieb verschiedene populäre Bücher, unter denen »Die Tonkunst in der Kulturgeschichte« und die »Illustrierte Musikgeschichte« sich allgemeiner Beliebtheit erfreuen.

Nebenthema, ein dem Hauptthema gegenübergestelltes Thema, welches neben jenem verwandt wird.

nel statt in il, in dem.
nella statt in la, in der.
nello statt in lo, in dem.

Neri, Philippo (um 1551 Florenz-Rom) . . .

Nessler, Victor (geb. 1841 in Baldenheim (Elsass), gest. 1890 zu Strassburg).

Neumen	84
Nicolai, Otto (1810—1849)	47
Niederländische Schule	80
Nocturne, Nachtstück. Komposition träumerischen Inhalts ohne bestimmte Form.	55

Nohl, Ludwig (geb. 1831 zu Iserlohn, gest. 1885 zu Heidelberg), fruchtbarer Musikschriftsteller, verfasste Biographien Beethovens, Mozarts, Wagners u. a.

non = nicht.

None	93

Nonett, Komposition für 9 Instrumental- oder Vokal-Stimmen.

	Seite
Normalton (Kammerton), das a der eingestrichenen Oktave zu 870 einfachen (435 Doppel-) Schwingungen. Ist derjenige Ton, nach welchem bei Kammermusik-Ensembles und Orchestermusik die Instrumente mit freier Intonation die Tonhöhe einstimmen. [Im Orchester wird gewöhnlich nach dem a der Oboe eingestimmt, bei Ensembles mit Klavier nach diesem, bei a Capella-Gesang nach der Stimmgabel].	
Notation = **Notenschrift**	46
Nottebohm, Martin Gustav (geb. 1817 zu Lüdenscheid, gest. 1882 zu Graz), hat sich neben andern Arbeiten hauptsächlich durch seine Schriften über Beethovens Leben und Wirken hervorgethan.	
Notturno (ital.) siehe Nocturne.	
Novelette, Komposition ohne bestimmte Form mit einer grösseren Anzahl neuer Themen (daher der Name).	

Ob., Abkürzung für Oboe.	
Oberdominante = Dominante	100, 117
Oberstimme, in einem mehrstimmigen Satz die höchste Stimme.	
Obertöne, primäre, secundäre.	91
Obertonreihe	95
Oboe	160
Ocarina, ein Flöteninstrument mit bauchigem Körper und Tonlöchern, welche zugleich den einzigen Ausgang des Windes bilden. Der Klang ähnelt infolge dessen dem einer gedakten Orgelpfeife.	
Octava-Zeichen 8va —— Das Zeichen verlangt, wenn über den Noten stehend, soweit die Punktreihe reicht, dass die Noten eine Oktave höher, wenn es unter den Noten steht, dass diese eine Oktave tiefer als notiert gespielt werden.	
Ode, ein lyrisches Gedicht bezw. dessen Komposition.	
Odington, Walter (ca. 1225), Mensural-Schriftsteller	138
Odo von Clygny (gest. 942)	49
Oettingen, Arthur Joachim von (geb. 1836 zu Dorpat)	97
Offenbach, Jacques (geb. 1819 zu Köln, gest. 1880 zu Paris).	63
Oktave, ein-, zwei-, drei-, viergestrichene, kleine, grosse, Contra, Subcontra	92, 93
Oktavengattungen der Griechen	41
des Mittelalters	44
Oktav-Flöte.	
Oktett, ein Tonstück für acht Instrumente.	
Onslow, George (1784—1852), Kammermusik-Komponist von Bedeutung.	
op. = opus, Werk, z. B. op. 18, d. h. das achtzehnte Werk, welches der betr. Tonkünstler geschaffen hat.	
Oper	57
Operette, kleine Oper; gewöhnlich Oper komischen Genres.	
Ophikleide	170
Oratorium	135
Orchester, kleines, grosses	179
Orchesterpartitur	181
orchestrieren = instrumentieren.	
ordinario, gewöhnlich, ordentlich (z. B. tempo ordinario).	
Org. = Organo, Orgel.	
Organistrum	51
Organum = Orgel; ausserdem Name für eine Form der Mehrstimmigkeit	53
Orgel	50, 102
Orgelpunkt	53
Orgeltabulatur siehe Tabulatur.	
ossia = oder; Ueberschrift für eine erleichterte oder erschwerte Lesart eines Notentextes.	

		Seite
Ostinato siehe Basso ostinato.		
Ottava = Octava-Zeichen.		
Ouverture		127

p, Abkürzung für piano.
Pachelbel, Johann (geb. 1653 zu Nürnberg, gest. 1706 zu Nürnberg), bedeutender Organist und hervorragender Komponist für sein Instrument.
Paduane, alter italien. Tanz in geradem Takt u. gravitätischer Bewegung.
Paer, Ferdinando (geb 1771 zu Parma, gest 1839 zu Paris) . . . 58
Paganini (geb. 1782 zu Genua, gest. 1840 zu Nizza). 60
Paisiello, Giovanni (geb. 1741 zu Tarent. gest. 1816 zu Neapel) 58
Palaestrina, Giovanni Perluigi da (geb. 1514 zu Palaestrina, gest. 1594 zu Rom) 57, 135
Palaestrina-Styl = a capella-Styl.
Pantalon, ein von Hebenstreit verbessertes mit Holzklöppeln gespieltes Hackbrett in Trapezform, mit doppeltem Resonanzboden und einem Bezug von Draht-Saiten und einem zweiten mit Stahlsaiten; über je einem Resonanzboden ein Bezug.
Parallelbewegung siehe Stimmführung.
Parallelklänge 102
Paralleltonart 102
Paraphrase, Tonstück, welches den Vorwurf einer Melodie mit Figurenwerk verziert und variiert.
parlando, sprechend, recitativisch.
Partialtöne = Obertöne.
Partite = Suite.
Partitur 181
Partiturspielen 183
Passacaglia 125
Passage (frz.), fortlaufende, tonleiterartige, oder aus gebrochenen Akkorden (d h. die Töne der Akkorde werden nicht zu gleicher Zeit, sondern nach einander angeschlagen), bestehende, schnell zu spielende Tonfiguren.
Passecaille = Passacaglia.
Passepied 125
Passion 136
Passione, Leidenschaft. con Passione oder appassionato, leidenschaftlich
Pastorale = Hirtenstück, entweder Name eines ländlichen Idylls mit scenischer Darstellung unter Zuhülfenahme der Musik, oder ein Instrumentalstück, welches die Vorstellung einer ländlichen Scene (Schalmeiblasen, Tanz der Schnitter u. s. w.) erwecken soll.
Pauken 172
Pavane = Paduane.
Pedal an Orgel 163
  „ an Harfe. 154
  „ am Klavier, die mit den Füssen zu regierende Vorrichtung zum Verlängern und Verstärken der Töne (das sog. »rechte Pedal«) und zum Dämpfen (das sog. linke Pedal« oder die Verschiebung« siehe das.).
perdendosi, leise werdend.
Periode, ein in sich abgeschlossenes grösseres aus mehreren »Sätzen« bestehendes Bruchstück einer Komposition (von nicht genau definierbarer Grösse) 121, 122
Pergolesi, Giovanni Battista (geb. 1710 zu Jesi, gest. 1736 zu Puzzoli) . 58
Perpetuum mobile, Name für Kompositionen mit Noten von kurzem Wert und meist gleicher Dauer.

		Seite
pesante = wuchtig, mit pathetischem Vortrag.
Petrucci, Ottaviano, (geb. 1466 zu Fossombro, gest. 1523), Erfinder des Notentypendrucks.
phantasieren = **improvisieren**.
Phantasiestück, Komposition freier Gestaltung und unklassifizierbaren Inhalts.
Philidor, François André (1726—1795) 62
Phrase 108
Phrasierung 108
phrygisch 44
piacere (spr. piatschére), Belieben, a. p. nach Belieben.
piacevole (spr. piatschévole), gefällig.
pianissimo (pp), sehr leise. **piano** (p), leise.
Pianoforte 51
Piccini, Nicolo (geb. 1728 zu Bari, gest. 1800 zu Passy bei Paris). . 58, 69
Piccolo 1. Sachshorn 171
„ 2. siehe kleine Flöte 157
Pickel-Flöte 157
pieno, voll (z. B. organo pieno = volles Werk = ff beim Orgelspiel).
Pisendel, Johann Georg (1687—1755) 60
più, mehr.
pizz., Abkürzung für **pizzicato** 151
placido (plátschido), ruhig.
Plagal 45
Plaidy, Louis (geb. 1810 zu Hubertsburg, gest. 1874 zu Grimma), bedeutender Klavierpädagoge (u. a.: Technische Studien f. d. Pianoforte).
Plato (429—347 v. Chr.), bedeutender griechischer Philosoph u. Aesthetiker.
poco, wenig.
poco a poco, allmählich.
Pohl, Karl Ferdinand (geb. 1819 zu Darmstadt, gest. 1894 zu Darmstadt), gab Biographien über Liszt, Haydn und Mozart heraus.
poi (it.), dann, darauf
Polacca = Polonaise.
Polonaise 123
polyphon, vielstimmig d. h. in mehreren selbständigen Stimmen gesetzt.
Porpora, Antonio Nicolo (geb. 1686 zu Neapel, gest. 1767 zu Neapel) . 58
Pos. = Posaune.
Posaune 168
possible, möglich oder möglichst.
Postludium, Nachspiel.
Potpourri, Aneinanderreihung von Melodien unbekümmert um ihre Zusammengehörigkeit, mehr oder weniger locker mit einander verbunden.
pp = pianissimo, sehr leise.
ppp = pianissimo possibile, so leise wie möglich.

Pralltriller, Zeichen dafür ∿

z. B. [Notenbeispiel] Ausführung [Notenbeispiel] Die Ausführung kann rhythmisch modifiziert werden.

Präludium, Vorspiel.
Prätorius, Michael (1571—1621 in Deutschland), bedeutender Musikschriftsteller. Sein Hauptwerk »Syntagma musicum« ist Quellenwerk der Musik seiner Zeit besonders der Instrumente des XVI.—XVII. Jhdts. 56, 177
precipitando (spr. pretschipitando) = accelerando.
Preghiera (it.). Gebet

| prestissimo | bis | Refrain |

Seite

prestissimo, sehr geschwind.
presto, eilig, geschwind
Prima vista-Spiel = vom Blatt spielen d. h. ohne es vorher einstudiert zu haben.
prima volta, das erste Mal.
Prime 93
primo, der erste Spieler bei vierhändigem Spiel oder bei Duetten u. Duos.
Prinzipalstimme 1) s. Orgel. 2) Hauptstimme einer Komposition.
Programm-Musik 88
proposta = dux (siehe Fuge).
Purcell, Henry (geb. 1658 zu London, gest 1695 zu London). Englands bedeutendster Komponist als Opernkomponist und auf dem Gebiete der Kirchenkomposition 64
Pythagoras (geb. um 582 v. Chr.), Philosoph; das Haupt der pythagoräischen Schule, welche Alles, und somit auch die Musik, vom mathematischen Standpunkt aus betrachtet. Zahlenverhältnisse sind für die Begriffe von Konsonanz und Dissonanz massgebend. Die Terz galt den Pythagoräern als Dissonanz.

Quarte 93
Quartett, Komposition für 4 Instrumente oder Singstimmen. Doppelquartett für 2 mal 4 Singstimmen
Quartole 110
Quartsext-Akkord 120, 183
quasi = gleich wie, fast wie.
Quatuor = Quartett.
Querflöten 156
Quinte 93, 150
Quintett, Komposition für 5 Instrumental- oder Vokalstimmen.
Quint-Fuge 144
Quintole 110
Quintsext-Akkord 183
Quintuor = Quintett.
Quodlibet, Potpourri-artige Komposition.

r. = rechte Hand.
Raff, Joseph Joachim (geb. 1822 zu Lachen bei Zürich, gest. 1882 zu Frankfurt a. M.) 83, 89
rall- = rallentando.
rallentando = langsamer werdend.
Rameau, Jean Philipp (geb. 1683 zu Dijon, gest. 1764 zu Paris). Abgesehen von zahlreichen Kompositionen,(Opern, Kantaten, Motetten, Klavier- und Violin-Piecen) beruht sein Verdienst in der Aufstellung einer Harmonielehre, auf welcher die Theoretiker der Folgezeit fussen. Die Lehre von der Umkehrung der Akkorde, um die mannigfachen Akkorde auf Grundformen zurückzuführen, geht von R. aus. 61
rapidamente, schnell, reissend.
rapido, schnell, reissend.
Ravanastron = Serinda
re = Solmisationssylbe für den Ton d.
Reale Stimmen 104
Recitativ 138
Refrain, die im Anschluss an eine Dichtung verlangte, oder vom Komponisten veranlasste regelmässige Wiederholung von Schlussworten oder Schlussverszeilen der Verse eines Liedes.

		Seite
Regal, kleine tragbare Orgel mit Zungenpfeifen (veraltet).		
Register 1) siehe Orgel; 2) R. der menschlichen Stimme (siehe Bruststimme, Falsett, Kopfstimme) Umfang der Töne, welche mit dem Mechanismus erzeugt werden, der zur Bildung des betreffenden Registers (Brust-, Falsett-, Kopf-Register) notwendig ist.		162
Registerknopf		162
Registerventil		
registrieren siehe Orgel).		
Reichardt, Johann Friedrich (1752—1814)		70
Reinecke, Carl Heinrich (geb 1824 zu Altona, lebt in Leipzig)		86
Reinthaler, Carl Martin (1822—1896).		86
Reissmann, August (geb. 1825 zu Frankenstein i. Schl.), Musikschriftsteller, verfasste eine grosse Anzahl von Musikbiographien, Mitarbeiter an Mende's Universallexikon der Tonkunst		
repercussio		144
Repetitionsmechanik, Vorrichtung an dem Mechanismus des Klaviers, welche es ermöglicht, die Tasten mehrere Male hinter einander anzuschlagen, ohne sie vorher ganz zu verlassen (siehe Erard).		
Repetitionszeichen = Wiederholungszeichen.		
Reperkussion 1) Wiederanschlag. 2) = Wiederschlag (siehe Fuge).		
Replica = Wiederholung (senza R. ohne Wiederholung).		
réponse = comes		144
Reprise = Wiederholung (siehe Wiederholungszeichen).		
Requiem = Todtenmesse (siehe Messe).		
Resonanz-(körper, boden)		148
Responsorien		46
rf. oder **rfz.** = rnforzato, verstärkt.		
Rhapsodie, Instrumentalphantasie, die meist aus nationalen Volksliedern bruchstückweise zusammengesetzt ist; im eigentlichen Sinne ein Bruchstück einer grösseren epischen Dichtung mit Musikbegleitung.		
Rhythmik		110
Ricercar		143
Ricercata = Ricercar.		
Richter, Ernst Friedrich Eduard (geb. 1808 zu Grosschönau, gest. 1879 zu Leipzig), bedeutender Theoretiker, verfasste Lehrbücher für Harmonie und Kontrapunkt.		
Riemann, Dr. Hugo (geb 1849 zu Grossmehlra b Sondershausen); geistvoller Musikgelehrter, Theoretiker, Aesthetiker und Pädagoge, dessen »Neue vereinfachte Harmonielehre« neben andern trefflichen Arbeiten über Dynamik und Agogik, über Phrasierung u. s. w. massgebend für die moderne Musiktheorie ist. Kritische Aufsätze auf allen Gebieten der Musik, vor allen Dingen seine musikhistorischen Arbeiten nebst zahlreichen Publikationen der Musik früherer Zeiten sind wertvoll. R. veranstaltete »Phrasierungsausgaben« der Meisterwerke der Klavierlitteratur und ist Verfasser eines vorzüglichen Musik-Lexikons. Seine grundlegenden Arbeiten und Anschauungen sind niedergelegt in seinem Werk »Präludien und Studien«		97, 108
Rigaudon		126
rilasciando (spr. rilaschándo) langsamer werdend.		
rinforzando = stärker werdend.		
rinforzato = verstärkt.		
Ripieno		178
Risposta = Comes (siehe Fuge).		
risol = risoluto.		
risoluto = entschlossen, mit kräftigem Vorschlag.		
risvegliato (spr. risveljáto), geweckt, munter.		

			Seite
ritartando	bis	schlechter Taktteil	

ritartando, verzögernd.
riten. = ritenuto, zurückgehalten.
Ritornell, Instrumental-, Vor-, Zwischen- oder Nachspiel in Vokalkomposition, zuweilen auch gleichbedeutend mit dem Tutti in Konzertstücken.
Rochlitz, Johann Friedrich (geb. 1769 zu Leipzig, gest. 1842 zu Leipzig) gab ein Werk »für Freunde der Tonkunst« heraus, als Fortsetzung einer Sammlung von Gesangstücken der Meister früherer Jahrhunderte.
Rohrwerk siehe Orgel.
Romantiker 76

Romanze [eigentlich Dichtung in romanischer Mundart], ein episch lyrisches Gedicht aus der Ritterzeit, auch soviel wie Liebeslied. Als Instrumentalstück ein Stimmungsbild, das einen der erwähnten Gedanken zur Vorlage hat. Der Name wird jedoch oft wenig prägnant verwendet.
Rondo und **Rondeau** 130
Rossini, Gioacchino Antonio (geb. **1792 zu Pesaro**, gest. 1868 zu Passy bei Paris) 58
Rousseau, Jean Jacques (geb. 1712 zu Genf, gest. 1778 zu Ermenonville), hat sich auch als Musikschriftsteller bethätigt; gab einen dictionnaire de musique heraus. Sein Versuch, die Notenschrift durch Ziffer-Notation zu ersetzen, hatte keinen Erfolg . . 61, 139
rubato, geraubt tempo rubato mit freiem Vortrag; mit weitgehendster Berücksichtigung von Dynamik und Agogik.
Rubinstein, Anton (geb. 1830 zu Wechwotynez, gest. 1894 zu Petersburg). 64, 87
Ruggieri 60
Rundgesang, das Refrainlied, Name von Gesellschaftsliedern, in welchen, nach dem eine einzelne Stimme eine Strophe (s. das.) vorgetragen hat, der Chor die Schlussverse wiederholend mitsingt.

Saint-Saëns, Charles Camille (geb. 1835 zu Paris) . . . 63, 89
Saite, leere. 150
Saiteninstrumente 150
Sammartini, Giovanni Battista (um 1750) 132
Sanctus siehe Messe.
Sarabande . . . . . , ... 124
Satz, musikalischer 115
Sax, Charles Joseph (1791—1865)
Saxhörner 170
Scarlatti, Alessandro (geb. 1649 zu Trapani, gest. 1725 zu Neapel) . 57, 127
Scarlatti, Domenico (geb. 1683 zu Neapel, gest. 1757 zu Neapel oder Madrid) 129
Schall. 91
Schallbecher, die untere Oeffnung der Instrumente, aus welcher der Ton hervordringt.
Schalllöcher, die *f*-förmigen oder **Rosettenartigen Durchbrechungen** der Resonanzkörper von Streichinstrumenten.
Schalltrichter = Schallbecher.
Scheinkonsonanz 119
Schellenbaum = Mohamedsfahne.
Schenk, Johann (1761—1836) 66
Scherzando (spr. skerzándo) = scherzend.
Scherzo, (spr. Skérzo) 132
Schlaginstrumente 172
schlechter Taktteil 105

Schlüssel   bis   serio

                                                                                                              Seite

Schlüssel, siehe Sopran-, Alt-, Violin- u. s. w. Schlüssel.
Schluss 118
Schlussfähiger Zeitwert 118
Schnabelflöten 156
Schnarrwerk — Regal; auch **Namen** einiger Zungen-Stimmen in der Orgel.
Schubert, Franz (geb. 1797 zu Wien,   gest. 1828 zu Wien) . 74
Schumann, Robert (geb. 1810 zu Zwickau, gest. 1856 zu Endenich) 78
Schütz, Heinrich (geb. 1585 zu Köstritz, gest. 1672 zu Dresden) . 65, 136
Schwebungen, die regelmässig wiederkehrenden stossweissen Verstärkungen eines Klanges, welcher von zwei nur annähernd gleichhohen Tönen gebildet wird.
Schweller 164
schwer 105
Schwingungen 91
scioltamente (spr. scholtaménte) frei im Vortrag, ungebunden.
scioltezza, Freiheit, Gewandheit, Ungebundenheit.
sciolto = scioltamente.
Sebastiani, Johann (geb. 1622). 137
secondo, der zweite Spieler bei vierhändigem Spiel oder bei Duetten und Duos.
Secund-Accord 183
Seconda volta, das zweite Mal, d. h. bei der Wiederholung eines Teiles, wobei die mit I^ma bezeichneten Takte überschlagen werden.
Secunde 93
segno = Zeichen. S oder 𝄋

Seitenbewegung siehe Stimmführung.
Semiographie 42
semiserio, halbernst. **opera semiserio** = eine seriöse Oper mit einzelnen komischen Scenen.
semplice (spr. sémplitsche), einfach.
sempre, immer.
senza = ohne
Septett, Komposition für 7 Instrumental- oder Vokalstimmen.
Septime 93
Septimen-Akkord 183
Septuor = Septett.
Sequenz 1) die stufenweise Verschiebung eines in sich abgeschlossenen Melodiebruchstücks, z. B.:

2) siehe Hallelujagesänge.
Sequidilla, rascher spanischer Tanz in dreiteiliger Taktart, dem Bolero ähnlich, mit Kastagnettenrhythmus als Vor- und Nachspiel;

Serenade = Ständchen.
    als cyklische Form 127
Serenata = Serenade.
Serinda 40
serio, **serioso**, ernst.

	Seite
Sext-Accord	183
Sexte	93
Sextett = Komposition für 6 Instrumental- oder Vokalstimmen.	
Sextole	110

sf., Abkürzung für sforzato.
sforzato, Betonung eines einzelnen Tones.
sharp (engl.) Erhöhungszeichen = ♯
si = 1) man, 2) Solmisationssilbe für die Note h.
Signalhorn 170
Signaturen, Ziffern und Zeichen der Generalbassbezifferung.
Silcher, Friedrich (geb. 1789 zu Schnaith, gest. 1860 zu Tübingen), Komponist verschiedener Volkslieder »Ich weiss nicht, was soll das bedeuten«, »Aennchen von Tharau«, »Morgen muss ich fort von hier«. Männerchöre und anderer Liedersammlungen.
sim. = **simile**, Bezeichnung dafür, dass die Ausführung der folgenden Takte der für die Anfangstakte speciell vorgeschriebenen g l e i c h sein soll.
sin'al = bis zu.
Sinfonie 127

Opernouverture	127
Sonate.	128
Singspiel	66
Singstimmen	175

Skala (vom it. scala, Treppe), Tonleiter.
alentando, langsamer werdend.
Smetana, Friedrich (geb. 1824 zu Leitomischl, gest. 1884 zu Prag).
smorzando, ersterbend [bezeichnet ei Nachlassen in Tempo und Tonstärke].
soave = sanft, lieblich.
sogetto 144
Sol = Solmisationssilbe für den Ton g.
Solfeggio (spr. Solfeddscho), Gesangsübung.
Solmisation 189
Solmisationssilben 189
Solo = allein, einzig.
Sologesang, Gesang einer einzelnen Stimme mit oder ohne Begleitung.
Solostimme, eine von den übrigen Stimmen sich loslösende, mit oder ohne Begleitung hervortretende Hauptstimme.

Sonata da camera, Kammersonate	128
Sonata da chiesa, Kirchensonate	128
Sonate	128
Sonatine	130
Sopr. = **Sopran**	175
Sordine (Dämpfer)	51, 167

sostenuto, getragen.
sotto voce (spr. votsche), halblaut, mit gedämpfter Stimme.
spatium, Zwischenraum zwischen den Notenlinien.
spianato, glatt, schlicht.

Spielventil	162
Spinett	51

Spirito = Geist, Seele (con spirito)
Spitta, Philipp J. Aug. (geb. 1841 zu Wechold in Hannover, gest. 1894 zu Berlin), Mitbegründer des Bach-Vereins, Verfasser einer Bach-Biographie und zahlreicher anderer Schriften; beteiligte sich an der Herausgabe der Vierteljahrsschrift für Musik-Wissenschaft
Spohr, Ludwig (geb. 1784 zu Braunschweig, gest. 1859 zu Kassel) . . . 77

Spontini bis Symmetrie

	Seite
Spontini, Gasparo (geb. 1774, gest. 1851 zu Majolati)	62

stacc. = staccato.
staccato = abgestossen d. h. eine Spielart, bei welcher die einzelnen Töne kurz sind und ungebunden (siehe legato) auf einander folgen

Stainer, Gebrüder	60

Stamm-Akkorde heissen in der Generalbasslehre Dreiklang und Septimen-Akkord, Nonen-Akkord.

Stammtöne	92

Steg, bei Saiteninstrumenten das senkrecht auf dem Geigenkörper stehende Stück Holz, über welches die Saiten gespannt sind.

Steiner siehe Stainer.

Stimmbogen	166
Stimmen, menschliche	175
„ obligate	103
„ in der Orgel	162
„ reale	104
Stimmführung	104
Stopfen	165

Str. = Streichinstrumente.
Stradivari, Antonio 1644—1737.
    „ Francesco 1671—1743.
    „ Omobono 1679—1742.

Stradivari	60

strascinando (spr. straschinándo), langsamer werdend.

Strauss, Johann (geb. 1825, lebt in Wien)	84
Strauss, Richard (geb. 1864)	90

Streich-Duett, -Quartett, -Quintett u. s. w. mit Ausführung von Streichinstrumenten.
Streicher = Streichinstrumente.

Streichinstrumente	150
Stretto	144

string. = stringendo.
stringendo (spr. strindschéndo), beschleunigt, rascher werdend.
Strophe, aus dem Griechischen stammend, bedeutet dem Wortsinn nach dasselbe, wie das aus dem Lateinischen kommende Wort Vers. In der Dichtkunst sind beide jedoch streng zu unterscheiden: jede einzelne Z e i l e ist ein V e r s , m e h r e r e V e r s e bilden eine S t r o p h e. im Volksmunde spricht man von V e r s z e i l e n und V e r s e n z. B, eines Chorals oder Volksliedes.

Strophenlied	127
Strungk (Strunck), Nicolaus Adam (1640—1700)	65
Stürze	165
Subdominante	100
Subjectum oder **Sujet** = Führer	144
Subkontra	92
Suite	126
sul. c. g. u. s. w.	152
sul ponticello	152
sul tasto	151
Sullivan, Arthur Seymour (geb. 1842 zu London)	64

Sulzer, Johann Georg (geb. 1719 zu Winterthur, gest 1779 zu Berlin), Aesthetiker von Bedeutung.

Suppé, Franz (geb. 1820 zu Spalato in Dalmatien)	84
sur la touche	151
sur le chevalet	152
Symmetrie, durchbrochene	108
im Formenaufbau	114

Symphonie bis Tieffenbrucker

Seite

Symphonie	132
symphonische Dichtung siehe Programmmusik	88
Synkope	111

t. s., Abkürzung für tasto solo.
Tabulatur 1) bei den Meistersingern die Singgesetze; 2) eine Notenschrift, die als Orgel- und Lautentabulatur Buchstaben und Zahlen in Verbindung mit rhytmischen Wertzeichen verwandte. Die Zeit der Tabulaturen beginnt mindestens im X. und reicht bis in das XVIII. Jahrhundert.
tac., Abkürzung von tacet.
tacet = schweigt, d. h. dass eine Orchester- oder Chorstimme für den betreffenden Abschnitt der Komposition nicht mitwirkt.

Takt	105
Taktmotive	107, 115
Taktstrich [seine Bedeutung]	105
Taktteil [schwer und leicht]	105

Taktvorzeichnung, die zu Anfang eines Kompositionsteils vorgeschriebene Angabe, in welcher Taktart der betreffende Teil zu spielen ist.
Tamb. = Tambourin.

Tambourin	174
Tamburo = Trommel.	
Tamtam	40, 174
Tänze	122

Tarantelle (it.), neapolitanischer, ursprünglich tarentinischer Tanz $^6/_8$ oder $^6/_8$ in passender Bewegung.
tardando = ritardando.
Tartini, Giuseppe (geb. 1692 zu Pirano, gest. 1770 zu Padua), sowohl als Theoretiker, wie auch als Violinist und Komponist bedeutend. T. ist der Entdecker der Kombinationstöne ... 60
tasto solo (abgekürzt t. s.) bei Klavier- und Orgelbegleitung mit Generalbassbezifferung: Vorschrift nur mit der Bassnote zu begleiten.
tedesco = deutsch.
Teiltöne = Obertöne.

Telemann, Georg Philipp (1681—1767)	95
Temperatur	113
temperiertes Tonsystem	113
Tempobestimmung	109

tempo primo, im Anfangs vorgeschriebenen Tempo.
Ten. = Tenor.
ten. = tenuto.
teneramente, tenerezza (con), tenero, zart.

Tenor	53, 175
Tenor-Horn	171
Tenor-Posaune	168

tenuto (abgekürzt ten.), gehalten.

Terz	93

Terzett, Komposition für 3 Instrumental- oder Vocalstimmen.

Terzquartsext-Akkord	183
Tetrachorde	42
Theile, Johann (1646—1724)	65

Thema, Musikalischer Gedanke mit prägnanter Physiognomie, welcher der Ausführung eines Teils der Komposition zu Grunde gelegt ist.
Thema für Variationen siehe Variationen.
Thomas, Charles Louis Ambroise (geb. 1811 zu Metz, gest. Februar 1896 zu Paris) ... 63
Tieffenbrucker = Duiffoprucgar.

| | | Tiersch bis Trillerket. | |
| | | | Seite |

Tiersch, Otto (geb. 1838 zu Kalbsbrieth in Thüringen, gest. 1892 zu Berlin), tüchtiger Theoretiker, welcher auf Hauptmann und Helmholtz fussend, eine Reform der Musiktheorie anstrebte

Timbre, gewöhnlich gleichbedeutend mit Klangfarbe gebraucht, eigentlich jedoch nur die durch Verschiedenheit des resonierenden Materials bedingte Klangeigentümlichkeit.

Timp. = Timpani.

Timpani = Pauken.

Tinctoris, Johannes (1446—1511), belgischer Musikschriftsteller und Gelehrter; schrieb u. a. das älteste der existierenden Musiklexika.

Tirade s. v. w. Lauf oder Passage beim Gesang.

Toccata, vom (ital. toccare = berühren) Name eines Tonstücks für Tasteninstrumente (Orgel oder Klavier). Die Toccata hat eine phantasieartige, unbestimmte Form, hat meist eine passagenreiche Einleitung, ist fugiert gearbeitet und schliesst oft mit einer regelrechten Fuge ab. Trotz möglicher Tempokontraste ist ein charakteristischer Grundzug: Die Bewegung durch kurze Notenwerte in schnellem Tempo 143

Ton 91
Tonalität 101
Tonarten 47
Tonart 98, 112
Tongeschlecht 98, 102
Tonhöhe 91
Tonika 96
Tonleiter 94

Tonlöcher, die an Blasinstrumenten durch Finger oder Mechanismen zu öffnenden und schliessenden Löcher, welche in das Instrument gebohrt sind, um die Länge der schwingenden Luftsäule ändern zu können (vgl. Flöte)

Tonreihe 43
Tonsystem 111
Torelli, Giuseppe (gest. 1708 zu Ansbach) 60, 133

Tp. = Timpani.
Tr. = Trompete.
tr = Triller.

tranquillo, ruhig.

transponierende Instrumente vgl. Flöte 157
Transposition 45

Tre = drei ; a tre corde = auf drei Saiten, so viel wie: ohne Verschiebung, ohne Dämpfung (siehe Verschiebung).

Treiben 165

trem. = Tremolo

tremolieren, zittern, beben (besonders bei Singstimmen manchmal als Effekt, meist jedoch als Fehler hörbar).

Tremolo, wiederholte, schnelle Angabe derselben Töne, sodass eine bebende, zitternde Bewegung derselben entsteht.

Triangel 174

Triller, eine Verzierung, welche mit der oberen Hülfsnote oder Hauptnote beginnend aus dem schnellen Wechsel beider besteht.

Trillerkette = Kettentriller.

Trillernachschlag, die einem Triller angehängte Folge von unterer Hülfsnote und Hauptnote

Trillervorschlag, Noten, die vor der Trillernote gespielt werden sollen, und mit dieser zusammenhängen, werden entweder durch ein Häkchen vor dem Trillerzeichen verlangt oder sind in kleinen Nötchen vorgeschrieben z. B.:

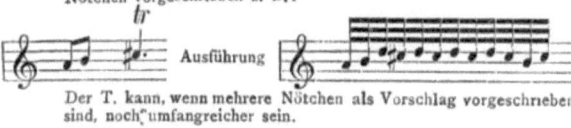

Der T. kann, wenn mehrere Nötchen als Vorschlag vorgeschrieben sind, noch umfangreicher sein.

Trio 1) dreistimmiges Tonstück. 2) als Musikform	125
Triole	110

Tripeltakt = dreiteiliger Takt. $6/4$ u. $6/8$ Takt sind nur in ganz langsamer Bewegung als Tripeltakt zu empfinden, sonst $2 \times 3/4$ und $2 \times 3/8$, also zweiteilige Takte.

Tritonus.
Tromb. = Tromba.
Tromba = Trompete.
Trombone = Posaune.

Trommel	173
Trompete	167, 170

troppo = zu sehr.
Troubadour = Minnesänger.
Trp. = Trompete.
Trugfortschreitung, plötzlicher Uebergang in eine andere Tonart durch eine unerwartete Auflösung einer Dissonanz; oft gleichbedeutend mit Trugschluss.

Trugschluss	119

Trgl. = Triangel.

Tschaikowsky, Peter Ilitsch v. (geb. 1840 zu Wotkinsk, gest. 1893 zu Petersburg)	64
Tuba	168

turco = türkisch alla turca, auf türkische Art).

Türk, Daniel, Gottlob (geb. 1756 zu Claussnitz, gest. 1813 zu Halle a. S.), geschätzter Lehrer und Theoretiker, gab u. a. eine Klavierschule und Anweisung zum Generalbassspiel heraus.
tutta la forza, mit aller Kraft.
Tutti = Alles d. h. alle Instrumente oder auch alle Stimmen (im Gegensatz zu Solo).
Tympani = Timpani.
Tyrolienne, Ländler im $3/4$ Takt mit ruhiger Bewegung.

Ueberblasen	158
Umdeutung, harmonische	101
„ metrische	107
Umkehrung 1) der Intervalle	94
2) U. eines Themas	189

un = ein.

| un poco | bis | Violinschlüssel |

Seite

un poco, ein wenig.
una corda, auf einer Saite, d. h. mit ganzer Verschiebung, g a n z gedämpft (siehe Verschiebung).
Undecime 94
ungarisch d. h. eine Musik, die rhythmisch sehr prägnant, doch frei und vielgestaltig, besonders synkopenreich ist. Charakteristisch ist das Motiv 𝄞. Mit Vorliebe werden in der ungarischen Musik Verzierungen aller Art angewandt, und um Leitetonverhältnisse zu gewinnen, werden in den Melodien Töne chromatisch häufig derart verändert, dass sie uns fremd erscheinen. Vielstimmigkeit liegt nicht in der Natur ungarischer Musik.
unis. = unisono.
unisono, im Einklang, d. h. genau auf derselben Tonhöhe stehend. Beim Orchesterspiel auch das Zusammenerklingen derselben Noten in verschiedenen Oktaven.
Unterdominante = Subdominante.
Unterstimmen, die tiefste Stimme eines mehrstimmigen Satzes.
Untertonreihe 96
ut, Solmisationssylbe für den Ton c.

Va. = Viola.
Variationen 131
Varsovienne (frz.), polnischer Tanz im 3/4 Takt mit ruhiger Bewegung.
Vc., Vcl., Velle., Vello. = Cello.
Veloce (spr. velótsche), schnell, hurtig.
velocitá, Schnelligkeit.
Ventil-Instrumente 169
Ventilcornet = Cornet à pistons.
Verdi, Giuseppe (geb. 1813 zu Roncole) 59
Vergrösserung eines Themas (Augmentation) 144
Verkleinerung eines Themas (Diminution) 144
Verminderte Intervalle siehe Intervalle.
Verschiebung nennt man die durch das linke Pedal an Klavieren in Thätigkeit setzbare Dämpfervorrichtung, welche darin besteht, dass die Hämmerchen nicht alle drei (a tre corde) Saiten, sondern nur zwei (a due corde) oder nur eine (a una corda) anschlagen.
Versetzungszeichen ♯ ✳ ♭ ♮.
Verzierungen: Triller, Pralltriller, Mordent, Doppelschlag, Vorschlag, Nachschlag (siehe die betreffenden Artikel).
Viadana, Ludovico (geb. 1564 zu Viadana, gest. 1645 zu Gualtieri) . 133
vigoroso, kräftig, frisch.
Villanella, italienisches Volkslied mit derb komischer Tendenz.
Vina 40
Vinci, Leonardo, (geb. 1690 zu Strongoli, gest. 1732 zu Neapel). . 58
Viol., Abkürzung für Violine. Viol. I erste Viol. Viol. II zweite Viol.
Viola 152
Viola da braccio (spr. bratscho) = Viola.
Viola da Gamba = Gambe.
violente = heftig.
Violine 150

Violinschlüssel 𝄞 bezeichnet mit dem schneckenförmig um eine Linie gewundenen Teil diese Linie als G-Linie d. h. als Platz für das eingestrichene g (das g der eingestrichenen Octave).

		Seite
Violin-Virtuosen		61
Violon (frz.) = Violine.		
Violoncello		153
Viotti, Giovanni Battista (geb. 1753 zu Fontanetto da Po gest. 1824 zu London), der Altmeister des modernen Violinspiels und fruchtbarer, hochbedeutender Componist für Violine		60
Virdung, Sebastian Priester und Organist zu Basel ist der Verfasser der „Musica getutscht und ausgezogen durch S V. u. s. w." ein Werk welches für die Instrumentenkunde unschätzbare Dienste leistet. 1511 erschienen.		
Vitry, Philipp (Philippus de Vitriaco), XIII—XIV Jhdt., hervorragender Theoretiker, welcher vielfach reformatorisch wirkte		140
vivace (spr. viwatsche), lebhaft.		
vivacissimo (spr. wiwatschissimo), sehr lebhaft.		
Vivaldi, Antonio (gest. 1743)		60
Vivo = lebhaft.		
Vocalisen = Gesangsübungen zur Uebung richtiger Tongebung mit Zugrundlegung der Vokale.		
Vogler, Georg Joseph (Abt.) (geb. 1749 zu Würzburg, gest. 1814 zu Darmstadt), bekannt durch viele musikwissenschaftliche Schriften.		
Vokalmusik = Gesangsmusik.		
Volkmann, Friedrich Robert (geb. 1815 zu Lomatzsch, gest. 1883 zu Pest).		85
Volkslied		127
Vorausnahme = Anticipation.		
Vordersatz		116

Vorhalt: ein aus dem vorhergehenden Akkord in der neuen Harmonie liegenbleibender in ihr dissonierender Ton der sich erst nachträglich auflöst, in dem er einen S e k u n d s c h r i t t macht.

Vorschlag, Note welche eine Hauptnote verzieren soll, indem sie vor dieser, mit ihr zusammen hängend, gespielt wird. Vorschlagsnoten sind durch kleineren Druck kenntlich, treten im Takt an Stelle der sie verzierenden Hauptnoten und haben meist den Hauptaccent). Kurz ist ein Vorschlag wenn ein Strichelchen durch seine Fahne geht ♪ oder wenn sein Wert mit weniger Geltung als mit einem Drittel der Geltung der Hauptnote aufgezeichnet ist. Der lange Vorschlag wird mit dem Wert gespielt mit dem er notiert steht, der kurze so rasch wie möglich. Vorschläge mit mehr als einer Note müssen nach Massgabe des jeweiligen Charakters eines Stückes schneller oder langsammer ausgeführt werden

Vorzeichnungen, die Versetzungszeichen, welche zu Anfang eines Musikstückes oder eines Teils desselben zwischen Schlüsselzeichen und Taktvorzeichnung stehen.

Wagner, Richard (geb. 1813 zu Leipzig, gest. 1883 zu Venedig)		80
Waldhorn = Naturhorn.		
Walther, Johann Gottfried (1683—1748) Verfasser des ersten musikalischen biographisch-bibliographischen und technologisch musikalischen Lexikons (1732).		
Weber, Carl Maria Ernst Freiherr von, (geb. 1786 zu Eutin gest. 1826 zu London)		76
Weber, Gottfried (geb. 1779 zu Freinsheim, gest. 1839 zu Kreuznach) hat sich als Theoretiker einen Namen gemacht besonders durch eine neue Akkordbezeichnung.		

Wechselnote, Note, die mit einer zu einem Akkord gehörigen als Nachbarton (Ober oder Unter Secundo) abwechselt. Auch Nachbarnoten von denen mit irgend welchen Intervallen abgesprungen wird, nennt man Wechselnoten, ebenso den sprungweise auftretenden Nachbarton zu einem folgenden Ton,

		Seite
Weigl, Joseph (geb. 1766 zu Eisenstadt, gest. 1846 zu Wien)		72

Weitzmann, Karl Friedrich (geb. 1808 zu Berlin, gest. 1880 zu Berlin) Musikschriftsteller und vorzüglicher Theoretiker, sein Hauptwerk; Geschichte des Klavierspiels und des Klaviers.

Werstowsky (1799—1862) 64

Wiederholungszeichen = ≝∥ oder ≝∥

Wiederschlag siehe Fuge.

Wieniawski, Henry (1835—1880) bedeutender Violinist und Komponist einiger Piecen für sein Instrument.

Willaert (spr. Willärt), Adrian (ca. 1480—1562) Begründer der alten Venetianischen Schule; hochbedeutender Komponist von Messen. Motetten, Madrigalen, Psalmen u. s. w.

Winter, Peter von (1754—1825) 72

Winterfeld, Karl G. A. V. von (geb. 1794 zu Berlin, gest. 1852 zu Berlin) Biograph und Musikhistoriker von Bedeutung; besonders sein Werk über den evangelischen Kirchengesang gilt als vorzügliche Arbeit.

Wirbeltr. = Wirbeltrommel.

Xylophon 178

Zargen, die Deckel und Boden verbindenden Seitenwände der Saiteninstrumente,

Zarlino, Giuseppe (geb. 1517 zu Chiogga, gest. 1590 zu Venedig), ausgezeichneter Theoretiker und Komponist. Seine Hauptwerke: »Istituzioni harmoniche« und »Dimostrazioni harmoniche« sind epochemachend, da er in ihnen Dur- u. Moll-Accord bewusst als Gegensätze aufstellt, die Terz als 4 : 5 bestimmt und sie in Dur und Moll nur der Lage nach als verschieden bezeichnet (siehe Hauptmann) 140

Zelter, Karl Friedrich (1758—1832), begründete in Deutschland die erste Liedertafel 70

Ziehharmonika, Blasinstrument mit Zungen, zu denen der Wind, der in einem Faltenbalg erzeugt wird, mittelst Tasten Zutritt erhält. Die Metallzungen schwingen teils, wie in einem Harmonium beim Zusammendrücken des Balges (durch Luftdruck), teils wie in einer amerikanischen Orgel bei dem Auseinanderziehen des Balges (durch Aussaugen der Luft).

Zingara (alla z.), nach Zigeunerart (leidenschaftlich).

Zingarelli, Nicola Antonio (1752—1837) 58

Züge 168

Zugposaune.

Zumsteeg, Johann Rudolf (geb. 1760 zu Sachsenflur, gest. 1802 zu Stuttgart). 71

Zungen an Blasinstrumenten (siehe auch Harmonium)

Zungenpfeifen, Pfeifen, welche durch Schwingungen von Zungen zum ertönen gebracht werden.

Zungenschwingungen Siehe: Oboe, Klarinette, Harmonium.

Zwischenharmonie siehe Fuge.

II.
Musikgeschichte.

Man teilt die Musikgeschichte in drei Perioden, deren Gliederung sich mit den bedeutendsten Errungenschaften in Musiktheorie und Praxis deckt. Man unterscheidet:

Alterthum: bis IX.—X. Jahrhundert nach Christus, umfasst die Periode der Homophonie (Einstimmigkeit). [Mehrstimmigkeit kennt die alte Zeit nur in Gestalt unisoner (im Gleichklang) oder oktavenweiser Verdoppelung].

Mittelalter: bis Ende des XVI. Jahrhunderts ist das Zeitalter der Entwickelung und Blütezeit der polyphonen Vokalmusik (Mehrstimmigkeit). [Entwickelung der Notenschrift].

Neuzeit: im XVI. Jahrhundert. Entwickelung der Instrumentalmusik. Um 1600: Die begleitete Melodie. — Die Harmonie.

Das Altertum.

Wir haben teilweise eingehende Nachrichten über die Musikübungen des Altertums, während uns von den Kompositionen wenig erhalten blieb.

Sehr gut unterrichtet sind wir hingegen über Musikinstrumente und Notenschrift der Alten, sowie über die Musiktheorie infolge der Umständlichkeit aller Berichte aus der alten Zeit.

Die Ägypter. Dass bei den alten Ägyptern die Musik eine nicht unwesentliche Rolle gespielt haben muss, bezeugen uns, ausser den Nachrichten der natürlich jüngeren Zeit entstammenden griechischen Schriftsteller, die bildlichen Darstellungen der Malereien auf Sarkophagen und in Grabkammern.

Unter den Schlaginstrumenten sind es Klapperhölzer, Trommeln in Form eines an den Enden abgestumpften Eies oder eines Fässchens, mit Thierhäuten

Musikgeschichte

bespannt, die mit der Hand sowie mit Schlägeln zum Ertönen gebracht werden und quer getragen werden. Pauken, Becken u. s. w. Auch Blasinstrumente besassen sie; Flöten mit 5 Tonlöchern, gerade und quer angeblasen, Doppelflöten, deren zwei Röhren vom Munde des Spielers aus unter einem spitzen Winkel auseinandergehen; die Trompeten, deren Ton Plutarch mit »Eselsgeschrei« vergleicht, sind meist kegelförmig mit sich plötzlich erweiternder Schallröhre.

Neben Mandolinen- und Lauten-ähnlichen Instrumenten sind es besonders die Harfen, welche die Saiteninstrumente repräsentieren. Man kann die Entwickelung dieses Instrumentes durch alle Dynastien hindurch verfolgen, von der primitivsten Art bis zum Prunkstück mit Malereien und Verzierungen.

Von dem Tonsystem der alten Ägypter ist so gut wie nichts bekannt. Die Ägypter wandten die Musik beim Gottesdienst an; die Bestattung von Toten, Aufzüge, Tänze, Gastmähler, Alles wird durch Musik verherrlicht oder durch sie begleitet. Ausserdem scheint das ägyptische Volk nach den Berichten griechischer Schriftsteller sehr sangesfröhlich gewesen zu sein.

Chinesen Die Chinesen hatten und haben noch eine Unmenge von Schlaginstrumenten aller Art: Glocken und Platten aus allerlei Material, welche abgestimmt an Gerüsten hängen, Pauken, Trommeln und schliesslich das allbekannte T a m - t a m. Auch hier finden wir Flöten [die Pansflöte] und andere sehr merkwürdige Blasinstrumente von abenteuerlichem Aussehen. Saiteninstrumente sind nur zwei vorhanden, die jedoch hoch in Ehren stehen [Seiden-Saiten über flachen Resonanzkästen, ähnlich der heutigen Zither].

Von dem Musiksystem ist wie von allen Musiksystemen in ihren Anfängen bekannt, dass es sich auf eine diatonische Skala stützte, welche ursprünglich zwar nur aus 5 Tönen bestand und somit der Halbtonschritte entbehrte, später aber zur 7stufigen (diatonischen) Skala erweitert wurde.

Die Notenschrift der Chinesen ist den Charakteren ihrer Schriftzeichen entnommen und für den Uneingeweihten gar nicht als Tonschrift erkennbar.

Inder Die Inder besitzen gleichfalls in der ältesten Zeit eine diatonische siebenstufige Skala, welche sie mit einer Zeichenschrift, die ihre Abstammung aus der Sanskritschrift nicht verleugnet, notieren. Durch eine Verschiedenheit in der Anordnung bildeten die Inder mit diesem Tonmaterial 36 verschiedene Tonreihen (Skalen). In wahrscheinlich erst späterer Zeit teilten die Inder die Oktave in 22 Teile und unterschieden dann grosse und kleine Ganztöne und Halbtöne, d. h. nur theoretisch.

Unter den Instrumenten der Inder hat neben den verschiedensten Schlaginstrumenten und Blasinstrumenten, ein Saiteninstrument, die »Vina«, das Attribut des Gottes der Musik (Nareda), hervorragende Bedeutung; das erwähnte Instrument ist ein cylindrischer Körper mit 7 Metallsaiten über 19 Stegen. Auch ein Saiteninstrument, welches mit einem primitiven Bogen gespielt wird, Serinda oder Ravanastron genannt, existiert in Indien und müsste, wenn sichere Beweise über die Zeit seiner Erfindung vorlägen, als das älteste Geigen-Instrument gelten, doch ist man vielfach der Meinung, dass dieses Instrument gleichwie ein der Guitarre ähnliches (Magondi) von den Arabern oder Persern herrührt.

Ägypter, Chinesen, Inder, Araber, Griechen

Die Araber besassen ein 17stufiges Tonsystem (mit Drittel-Tönen) und zwar haben dessen Intervalle eine auffällig reine Stimmung. Die arabisch-persische Musiktheorie ist insofern bemerkenswerth, als in ihr die Konsonanz der Terzen und Sexten, welche der damals noch von der griechischen Intervallenlehre abhängigen abendländischen Musiktheorie als dissonante Intervalle galten, dargelegt wurde.[1]) Zahlennamen wurden zum Aufschreiben und Nennen der Töne verwandt, eine Tonschrift hingegen, welche geeignet gewesen wäre, der Musikpraxis zu nützen, ist uns nicht bekannt. Den Arabern verdanken wir die „Kesselpauke" und den „Schellenbaum", vor allem aber die „Laute", deren arabischer Name so viel wie Holz (Aloë-Holz) bedeutet, was auf die Volkstümlichkeit jenes Instrumentes bei den Arabern schliessen lässt. Beschreibungen der Laute besitzt man aus dem X. Jahrhundert. Einige primitive Streichinstrumente (Rebec oder Rubeb, Rebab und das Kemangeh a guz) haben keinen Einfluss auf die Entwickelung der heutigen Streichinstrumente gehabt.

Araber

Die Griechen endlich zeigen die Musik nicht nur als Beiwerk zum Kultus oder als ein Handwerk, welches dem Luxus dient zum Zeitvertreib der Vornehmen, sondern die Musik wird um ihrer selbst willen gepflegt, sie erhebt sich zur freien Kunst, welche bei der Erziehung nicht vernachlässigt wurde, indem man den ethischen Einfluss dieser Kunst noch weit höher veranschlagte als es heute zu geschehen pflegt. Die Tonformen der Griechen waren eng mit ihrer Poesie verwachsen, die antiken Metren regelten ihren Gesang, sowie die Instrumentalmusik. Es ist nicht anzunehmen, dass, wie einige Forscher beweisen möchten, die Musik der Griechen die Mehrstimmigkeit in unserem heutigen Sinne besessen habe, es geht sogar unzweifelhaft aus vielem hervor, dass es sich beim Chorgesang wie beim Begleiten von Sologesängen nur um eine Mehrstimmigkeit im Einklang oder in der Oktave gehandelt habe.[2])

Griechen

Die Instrumente der Griechen sind Lyra, Kithara, Phorminx, Magadis und Trigonon, sämmtlich Saiteninstrumente, welche mehr oder minder einander ähnlich sind. Unter den Blasinstrumenten gelangte die Flöte $(\alpha \dot{\upsilon} \lambda o \varsigma)$ zu Ehren und aus dem Jahre 396 wird berichtet, dass Timaeus und Krates auf der Trompete $(\sigma \acute{\alpha} \lambda \pi \iota \gamma \xi)$ in den Olympischen Spielen Sieger blieben. Andere Instrumente blieben bedeutungslos für die Kunst.

Wichtig für uns ist ein von Ptolemaeus beschriebenes Instrument, welches zum Prüfen der Intervalle angewandt wurde: das Monochord, bestehend aus einem länglichen Schallkasten mit einer über einen beweglichen Steg gespannten Saite. [Einer der Vorfahren unseres Klaviers].

---

[1]) Die arabisch-persische Musiktheorie drückt die Intervallgrössen (in ihrer sogenannten Messeltheorie = Masstheorie) derart aus, dass sie die Grösse der Saite des tieferen Tones als ein Vielfaches der des höheren Tones auffasst.

[2]) Leider ist ein Eingehen auf das Musiksystem der Griechen mit seinen auf Grund der Tetrachode aufgebauten Skalen mit Rücksicht auf den Umfang des Werkchens ausgeschlossen, doch wird das sich an dasselbe anlehnende Prinzip der Kirchentonarten dem Leser im folgenden Kapitel einiges darüber bringen-

Die Semeiographie (Notenschrift) der Griechen war sehr ausgebildet und entlehnte ihre Zeichen dem Alphabet. Vokal- und Instrumentalmusik wurden verschieden notiert, was dem Uneingeweihten wenig übersichtlich erscheint.

Das Mittelalter.

1. Das Tonsystem.

<small>Kirchentonarten</small>

Wenn wir auch auf ein näheres Eingehen auf das Tonsystem der Griechen im Vorhergehenden verzichten mussten, so wiesen wir den Leser doch zugleich auf die „Oktavengattungen" des Mittelalters, die sogenannten **Kirchentonarten** hin, welche in jener Zeit dieselbe Rolle spielen, wie unsere heutigen Tonarten. Und darin liegt das gemeinsame des griechischen Tonsystems mit dem des Mittelalters, dass beiden der Begriff der modernen Tonart fehlt.

<small>Tetrachord</small>

Die Griechen bauten ihr Tonsystem (ehe es durch Einfluss der Chromatiker und Enharmoniker der späteren Zeit komplizierter gestaltet wurde) mit Zugrundelegung von sogenannten **Tetrachorden**[1]) auf. Ein Tetrachord ist eine Reihe von 4 Tönen im Umfang einer Quarte, deren zwei gleichgestaltete aneinandergereiht eine Folge von 8 Tönen ergab, die ihren Namen von den sie zusammensetzenden Tetrachorden erhielt z. B.:

$$\tfrac{1}{2}\ 1\ 1 \quad\quad \tfrac{1}{2}\ 1\ 1$$

Die Reihe: e f g a ‖ h c d e besteht aus dem Tetrachord e f g a und dem Tetrachord h c d e, welche beide gleichgebaut sind, denn ihre Töne sind angeordnet in einem Abstand von je einem Halbton ($\tfrac{1}{2}$) und zwei Ganztönen (1). Ein Tetrachord von dieser Konstruktion nannte man ein **dorisches Tetrachord** und die sich aus zwei solchen zusammensetzende Tonreihe eine **dorische Skala**.

<small>In derselben Weise gab es ein **phrygisches Tetrachord** = 1, $\tfrac{1}{2}$, 1 und ein **lydisches** mit den Intervallen 1, 1, $\tfrac{1}{2}$. Später kamen durch Umgestaltungen der vorhandenen Skalen neue hinzu, die jedoch für unsere Betrachtung ohne Wert sind.</small>

Das dorische Tetrachord blieb für die älteste Theorie das massgebende und darum wurde dieses Grundlage des

---

[1]) Dies war ursprünglich der Name für die **viersaitige Lyra** der Griechen. Die vier Saiten derselben waren in vier nebeneinander liegenden Tönen gestimmt.

ganzen Systems, welches aus Aneinanderreihung und Verschmelzung dorischer Tetrachorde sich zusammensetzte. Das so entstandene Tonsystem gab sodann die Möglichkeit mit geringen Abänderungen aus ihm neue Skalen zu konstruieren.

An diese antiken Skalen sich anlehnend finden wir in der frühesten Zeit der Byzantinischen Kirche auch „Oktavengattungen" d. h. also: Tonreihen, welche ohne den modernen Anforderungen an die Eigenschaften einer Tonleiter zu entsprechen, von einem Ton bis zu dem gleichnamigen, eine Oktave höher liegenden, reichen.

Wie sich in der Folgezeit diese Skalen veränderten, vom Abendlande übernommen und wiederum vielfach geändert wurden, ist hier nicht am Platze zu verfolgen. Genug, die abendländische Kirche kennt (man führte es auf Ambrosius den Bischof von Mailand (397 †) zurück) späterhin ähnliche Oktavgattungen.

Die ältesten dieser Skalen entbehren jeglicher Vorzeichnungen von ♯ oder ♭, und ihre Eigentümlichkeit besteht lediglich in der Lage der Halb- und Ganztonschritte, mit welchen die Töne aufeinander folgen. Zum Beispiel der sogenannte I. Kirchenton (Kirchentonart) die „dorische Skala" genannt, wurde repräsentiert durch die Tonreihe von d—d:

d e͡ f g a h͡ c d

Was sie von andern derartigen Tonreihen unterschied, war die Lage der halben Töne zwischen der 2. und 3., sowie zwischen der 6. und 7. Stufe jener Leiter; eine jede Tonreihe solcher Konstruktion war eine Dorische. Die spätere Zeit, welche mit dem ursprünglichen Skalenmaterial, welches wir im Folgenden noch aufzählen werden, nicht zufrieden war, transponierte infolgedessen jene Skalen d. h. sie übertrug die Intervallverhältnisse auf eine Tonreihe, deren Anfangston ein anderer war. Um die Tonreihe von f—f z. B. zu einer Dorischen zu machen, war also nur nötig, derartig die Vorzeichen zu wählen, dass die Halbschritte richtig lagen: f g͡ as b c d͡ es f. Dieses ist also eine versetzte (transponierte) Dorische Skala.

Musikgeschichte

Findet man a. B. einen alten Choral, dessen Vorzeichnungen dem Anfang und Schluss nach in keine moderne Tonart passen, so hat man es mit einer Kirchentonart zu thun, und zwar mit einer »versetzten«, indem der Komponist von einem beliebigen Ton aus sich eine Kirchenton-Skala aufbaut und, um ihr die richtige Folge von Ganz- und Halbtönen zu geben, sie mit den nötigen Versetzungszeichen ♯ oder ♭ versieht.

Eine Komposition, welche sich in einer solchen Kirchentonart bewegte, musste mit demjenigen Ton, welcher, wie wir noch sehen werden, als Haupt- und Grundton galt, beginnen und schliessen. Später wurde als Ausnahme der Anfang auf Terz oder Quint des Haupttones gestattet, auch durften die Schlüsse im Inneren einer Komposition Ausweichungen zeigen; der Schluss der ganzen Komposition im Grundton jedoch blieb mit geringen Ausnahmen Regel.

Nachstehend folgt die Aufzählung der damals gebräuchlichen Skalen von denen die als I, III, V, VII bezeichneten die ursprünglichen waren. Die Bogen ⌢ bezeichnen die Stelle an welcher die Halbtöne liegen.

I. Kirchenton:	d e f̂ g a ĥ c d	die dorische Skala	Authentische[1] Oktavgattungen
III.	„	e f g a ĥ c d e phrygisch	
V.	„	f g a ĥ c d e f lydisch	
VII.	„	g a ĥ c d e f g myxolydisch	

Um mehr Skalen zur Verfügung zu haben, verfiel man, ehe man an die Transposition und die Anwendung von Vorzeichen dachte, darauf, aus den vorhandenen Skalen neue zu entwickeln, was in folgender Weise vor sich ging:

Man denke sich jede dieser Skalen in eine Quinte und eine Quarte zerlegt z. B. die Reihe von d—d in d—a und a—d (a ist gemeinsamer Ton beider) und setze dann das Stück von a—d unter das erste von d—a, dann entsteht eine neue Reihe von a—a. In derselben Weise lassen sich die übrigen Skalen

---

[1] Der Name **authentisch** vom Griechischen αὐθέντης Herrscher und plagal von πλάγιος seitlich.

Tonsystem des Mittelalters

versetzen. Es entstanden die als Erfindung Papst Gregor des Grossen bezeichneten **Plagal-**Töne.

II. Kirchenton	a h͡c d e͡f g a hypodorisch	Plagale
IV. „	h͡c d e͡f g a h hypophrygisch	Oktav-
VI. „	c d e͡f g a h c hypolydisch	gattungen
VIII. „	d e͡f g a͡h c d hypomyxolydisch	

Später hinzugekommen sind von c—c ionisch und a—a aeolisch mit ihren Plagalen von g—g und von e—e.

Der Haupt- und Grundton einer authentischen Skala war der Anfangston derselben, während der Hauptton der plagalen Kirchentonart der Anfangston derjenigen authentischen Tonreihe war, aus welcher sie entstanden war (es ist immer der 4. Ton jeder plagalen Reihe).

Wie wir schon erwähnten, kennt die älteste Zeit keine Versetzungszeichen; das erste derselben war ein ♭ vor der Note h, welches man anwandte, um den Melodieschritt f—h, eine übermässige Quarte, zu umgehen, so dass man, um für diesen Fall den Melodieschritt f—b als eine Quarte zu erlangen, das h (b quadratum = eckiges b) um einen halben Ton erniedrigt, in das b (b rotundum = rundes b) verwandelte. [Das h nannte man auch = b durum: hartes b, und das b rotundum = b molle = weiches b].

Die allmählich notwendig werdende Transposition [Versetzung auf andere Tonstufen mit Wahrung der Intervallverhältnisse] der Skalen trug zur Anwendung mehrerer ♭ und ♯ bei, welche als ständige Vorzeichnungen jedoch erst nach geraumer Zeit in der Weise wie heute zu Anfang eines Tonsatzes gesetzt wurden.

Verdrängt wurden die alten Kirchentonarten mit dem Auftauchen der oben als „später hinzugekommen" bezeichneten „ionischen" autentisch von c—c und „äolischen", autentisch von a—a, d. h. unserer C-dur und A-moll-Tonleiter, an der Hand derer und ihrer plagalen sich die Umgestaltungen vollzogen, welche die Skalen zu „Tonarten" machten und damit

dem Begriff „Harmonie" in unserem Sinne die Bahn ebneten.
Das Aufkommen der ionischen und äolischen Skala fällt in die
Mitte des XVI. Jahrhunderts und die Einführung unserer modernen Tonarten in das XVII. Jahrhundert.

Erwähnt sei noch im Anschluss an die Namen des Bischof
Ambrosius und des Papst Gregor, dass Ambrosius den Halleluja-
Gesang und Wechselgesang zwischen zwei Chören, den **Antiphonen**-Gesang, wahrscheinlich auch den **Responsorien**-Gesang
[Gesänge zwischen Geistlichen und der Gemeinde] nach Italien
brachte und selbst Hymnen komponierte. Gregor (604 †) soll
durch Sichtung des Materials den Kirchengesang reformiert
haben. Man spricht von Ambrosianischen und Gregorianischen
Kirchengesängen, doch ist ein prinzipieller Unterschied zwischen
beiden wohl nicht aufzufinden. Im Laufe der Zeit erstarrte die
ehemalige Rhythmik des Gregorianischen Gesanges im **„cantus
planus"**, „plain-chant" zur Monotonie gleichlanger Töne, obgleich
man annehmen muss, dass selbst in dieser Zeit der Text in
seiner naturgemässen Beeinflussung auf die Gliederung einer
Melodie es nie zu einer thatsächlichen Monotonie kommen liess.

Betrachten wir schliesslich noch die Namen der Töne, welche sich aus der Zeit der Kirchentöne erhalten haben, und auf den Mönch **Guido von Arezzo** zurückgeführt werden, der sie zum Unterrichten im Gesang gebraucht hat, indem er das ganze Tonsystem in Gruppen von 6 Tönen sog. **Hexachordezerlegte**, welche er mit ut, re, mi, fa, sol, la (um 1030) bezeichnete. In Italien und Frankreich erhielten sich diese Ton-Namen für das moderne Tonsystem, man fügte noch die Silbe für den 7. Ton hinzu, ut, re, mi, fa, sol, la, si und in Italien gebraucht man statt der Silbe ut die Silbe do: do, re, mi, fa, sol, la, si (= c, d, e, f, g, a, h).

2. Die Notation (Notenschrift).

Wohl eines der interessantesten Kapitel der gesamten
Musikgeschichte ist das der Entwickelung der Notenschrift. Der
folgende Abschnitt soll uns das Wichtigste daraus als wissenswert für die Entstehung unserer modernen Notenschrift vorführen.

Wir sehen schon an der Notenschrift der alten Kulturvölker, dass es meist **Buchstaben** der Schriftsprache waren, aus

Tonsystem und Notation des Mittelalters

denen sich Zeichen für die Niederschrift von Tönen bildeten. Den Theoretikern mochten die Buchstaben genügen, sobald es sich jedoch darum handelte, eine Melodie zu fixieren, und diese dann wieder abzusingen, musste der Mangel an Übersichtlichkeit dieser in einer Reihe neben einander gesetzten Buchstaben störend wirken, einer Tonschrift wie der der Griechen mit über 100 Zeichen gar nicht zu gedenken. Eine Bezeichnungsweise nun, welche der Buchstaben-Notation ein wesentliches voraus hatte, ist die **Neumen-Notation**, von der man zuerst im IX. Jahrhundert Proben vorfindet. Sie bestand aus einer Reihe von Punkten, Strichelchen und aus von diesen zusammengesetzten geschwungenen, einfach nach oben oder unten gebogenen Figuren, deren Bestimmung es ist, mit dem Auf- und Abwärtsführen ihrer Linien das Steigen und Fallen der Melodie zu verbildlichen. <small>Neumen</small>

Zwei Zeichen unserer heutigen Notenschrift, das **Triller-** ~~ und **Doppeltschlags**-Zeichen ∾ sind Überbleibsel jener Neumen.

Der Vorzug einer gewissen Anschaulichkeit ist dieser Notation nicht abzustreiten, doch liess sie einige wichtige Fragen unbeantwortet; denn wie konnte man aus den über die Textsilben eines Gesang gesetzten Neumen ersehen, um **wie viel** die Melodie stieg oder fiel und welche Dauer hatten die einzelnen Töne, mit welchem Ton (d. h. auf welcher Tonhöhe) begann überhaupt die Melodie?

Dem zuletzt erwähnten Übelstand half man durch sogen. **Tonarien** ab, Verzeichnisse der Anfänge nach den Kirchentönen in denen diese oder jene Gesänge usuell begannen. (Man darf nicht vergessen, dass die Musik damals lediglich im Dienste der Kirche stand).

Auf die Dauer waren jedoch die Neumierungen unzureichend, zumal ihre Bedeutung in dem Masse unzuverlässiger wurde, als sich ihre Zahl vermehrte. Ein prima vista- (vom Blatt) Singen ist ja undenkbar nach dergleichen Aufzeichnungen, und Schriftsteller jener Zeit spotteten, dass die Sänger ewig lernten und nie fertig würden, wunderselten stimmten ihrer auch nur drei überein, denn jeder berufe sich auf seinen Lehrer

Musikgeschichte

Verbesserungen der Neumen

Um Wandel in dieser Unzuverlässigkeit zu schaffen, wurde in der Folgezeit gar viel experimentiert.

Ganz glücklich war der Gedanke des Mönchs Hermannus Contractus (1013—1054), der über den Text lateinische Buchstaben setzte, welche anzeigten, um wie viel ein Ton von dem vorhergehenden entfernt sein sollte, oder ob die Tonhöhe, auf welcher die vorhergehende Silbe gesungen war, dieselbe bleiben sollte. Die Höhe der Anfangsnote war als bekannt vorausgesetzt. Stand z. B. über einer Textsilbe der Buchstabe T, so bedeutete es, dass die Melodie um einen Ganzton (Tonus) stieg, war jedoch neben dem Buchstaben ein Punkt, dann fiel die Melodie um das bezeichnete Intervall. In derselben Weise wurden die andern Intervalle verlangt S = Semitonium = Halbton. TS = Tonus cum Semitonio = kleine Terz u. s. w. Der Gedanke war ausgezeichnet, nur spielte der Zufall einen bösen Streich, wenn der Punkt aus Versehen wegblieb oder unabsichtlich hinzukam (durch Spritzen der Tusche oder durch Schmutz). — Ein Anderer wollte Neumenschrift und griechische Notenschrift kombinieren. Neben noch unpraktischerem tauchte wieder eine gute Idee auf: der Mönch Hucbald von St. Amand in Flandern setzte die Textsylben zwischen Linien und gab zu Anfang an, wo der Halbton liegen sollte. Alles dieses blieb jedoch zurück hinter dem Verdienst des Benediktiner-Mönchs Guido von Arezzo (995—1050), welcher den Neumen eine feste Tonhöhe dadurch verlieh, dass er eine rote Linie durch sie hindurchzog, der er den Namen der F-Linie, und den Neumen kopfartige Verdickungen gab, damit man genau sehen konnte, ob sie z. B. auf dieser F-Linie, darunter oder darüber lagen. Noch deutlicher wurde die Notation durch Hinzufügung einer zweiten grünen (auch gelben) Linie zur Fixierung der Lage von C. An Stelle der gefärbten Linien setzte man später ein F und ein C, woraus sich unser F- oder Bassschlüssel und der C-, auch Bratschen-, Cello-, Sopran-Schlüssel entwickelten. Die Buchstaben F und C waren der **lateinischen Buchstaben-Notation** entnommen, welche wohl bestimmte Tonhöhe, aber doch, wie

Notation (Notenschrift) des Mittelalters

schon erwähnt, nicht die Anschaulichkeit der Neumierungen hatte.[1]) Übrigens waren gerade F und C gewählt, um den Sänger auf den unter F und C liegenden Halbtonschritt aufmerksam zu machen. Auch unser Violin- oder G-Schlüssel wurde zuerst angewandt, wenn in der Skala unter dem G ein fis genommen werden sollte.

Die Verschmelzung beider Elemente war eine glückliche, und rasch fand die Neuerung Anklang. Die Zahl der Notenlinien wuchs bis auf 10 an, um jedoch später 4 und 5 Linien regulär zu benutzen. Die Verdickungen der Neumen wurden schliesslich zu Quadraten, und dann begann die Zeit, in welcher sich nach mancherlei Versuchen die Notenwerte herausbildeten, und die Taktvorzeichnungen entwickelten, d. h. die Zeit der **Mensuralmusik** [mit Beginn des XII. Jahrhunderts]. Eigentümlich war es, dass die Zeit des XIV. und XV. Jahrhunderts die Zahl 3 begünstigte, indem als Norm ein Takt dreiteilig war und eine Note 3 Noten der nächst niederen Gattung galt. Unter anderm setzte man zur Bezeichnung der Dreiteiligkeit des Taktes einen Kreis in das Liniensystem und zur Bezeichnung der Zweiteiligkeit einen Halbkreis C, woraus sich unser ₡ $^4/_4$-Taktzeichen entwickelt hat. Im XIII. Jahrhundert kommen beide Taktzeichen auf, ebenso der 𝄞

Mensural-Musik

Eine unglaubliche Menge von Taktvorzeichnungen und Gestaltungen und Geltungen der Noten bringt das XIV. bis Anfang XVII. Jahrhundert. **Taktstriche** in den Stimmen der

---

[1]) Die lateinische **Buchstaben-Notation** reicht bis in das X. Jahrhundert zurück Eine dem Mönch Notker Balbulus zugeschriebene Abhandlung erwähnt sie als für Orgel **Rotta** (ein frühmittelalterliches Saiteninstrument) und Drehleier gebräuchlich; Notker ist der erste, welcher die Notation erwähnt und, wie man sieht, als etwas Bekanntes. Exemplare der ältesten Orgeln tragen z. B. die Tonnamen der lateinischen Buchstaben-Notation auf den Tasten aufgeschrieben. Die Töne der Oktave hiessen damals A, B, C, D, E, F, G, A. und zwar entsprach A unserem heutigen C. Seit **Odo von Clugny**, 942 †, haben die Buchstaben die heutige Bedeutung erhalten.

Sänger tauchen erst nach 1600 auf u. erst Anf. d. 18. Jahrh. übernahm man von den Orgel- und Lautentabulaturen die gemeinsamen Achtel-, Sechzehntel- u. s. w. Balken 🎵

3. Instrumente und Instrumentalkomposition.

Orgel

Ein Instrument, welches im Mittelalter zu grosser Bedeutung gelangte, war die **Orgel**, deren Entstehung im Prinzip man auf Ktesibios von Alexandria (170 v. Chr.) zurückführt. Im IV Jahrhundert ist einer Abbildung nach die Orgel noch sehr klein und zierlich gebaut und wird mit Blasebälgen konstruiert. Manuskripte des X. und XI. Jahrhunderts geben schon Anweisungen zur Anfertigung von Orgeln als Schulinstrumente mit 8, 15, seltener 22 Tönen (in C-dur gestimmt). Im Jahre 980 stand zu Winchester eine grössere Orgel mit zwei Klaviaturen für zwei Spieler mit je 20 Tasten und für jede Taste 10 Pfeifen [also 400 Pfeifen] und 26 Blasebälge. Später als die Mechanik der Orgel komplizierter und das Niederdrücken der Tasten beschwerlich wurde, machte man die Tasten fussbreit und 1½ Ellen lang, so dass man sie mit Fäusten und Ellenbogen niederdrücken musste. [Das Pedal = Fussklaviatur wurde Mitte des XV Jahrhunderts in Italien durch Bernhard den Deutschen eingeführt; erfunden sein soll es durch Ludwig v. Balbeke, [crc 1300]. Im Laufe des XV. und XVI. Jahrhunderts ermöglichten die Orgeln ein bewegteres Spiel. Übrigens hatten schon zu Ende des Mittelalters in Deutschland alle grösseren Orgeln mehrere Klaviaturen und ein Pedal. Näheres siehe S. 162.

Blasinstrumente

Unter den Blasinstrumenten sind die Familien der Pfeifen, Schalmeien und Zinken, vornehmlich in Gebrauch. Aus der Familie der Schalmeie gingen **Oboe** und **Fagott** hervor.

Saiteninstrumente

Die Saiteninstrumente des Mittelalters gipfeln in der Familie der Lauteninstrumente; aus einer Lautenart entstand die **Viola** und aus ihr die **Violine**, welche in Italien im Anfang des XVI. Jahrhunderts [soweit bekannt von Caspar Duiffoprucgar (Tieffenbrucker 1511) als einem der ersten] gebaut wurde.

Mittelalter: Instrumente

Sehr beliebt war in der Zeit des X. bis XII. Jahrhunderts ein Saiteninstrument mit dem Namen **Organistrum, Lyra, Drehleier,** später auch Bettler- oder Bauern-Leier. Über einen unseren Streichinstrumenten ähnlichen Körper waren mehrere Saiten (oder Saitenpaaren im Einklang) gespannt, deren eine (oder ein Paar) durch eine Klaviatur abgeteilt werden konnten. In Schwingung wurden diese und auch die nicht mit Klaviatur versehenen durch ein mit Harz bestrichenes Rad gesetzt, welches mit einer aus dem hinteren Ende des Instruments hervorragenden Kurbel gedreht wurde. Sämtliche Saiten ertönten mithin fortwährend, die ohne Klaviatur in unveränderter Tonhöhe, die andern mit der Melodie. Das Instrument gab also gleich dem Dudelsack einen mitsummenden Bass. Im X.–XII. Jahrhundert war es Hausinstrument der Vornehmen, später erhielt es den Namen Bettler- oder Bauern-Leier.

Drehleier

Das **Klavier** heisst in seiner ersten, dem Prinzip unserer heutigen Instrumente ähnlichen Bauart: Clavichord; seine Entstehung wird in das XIV. Jahrhundert datiert.[1]) Der Ton des Instrumentes in Form eines ca. 70 cm langen viereckig-länglichen Kastens wird erzeugt, indem mittelst Taste ein Stück Metallblech, die sog. Tangente, die Saite berührte. Später waren auf den Hebeln der Tasten statt dessen Rabenfederkiele angebracht, welche die Saiten anrissen; auch Ledertangenten wurden angewandt. [Clavecin en peau de buffle von Pasqual Tasquin 1723–1795 erfunden]. Spinett nannte man die kleinen tafelförmigen Instrumente [der Name entweder von spina = der „Dorn" d. h. der die Seite reissende Kiel oder von einem Klavierbauer Johannes Spinetus]. Die grösseren Instrumente mit Kiel oder

Klavier

---

[1]) Das bei den Griechen erwähnte Monochord, dessen beweglicher Steg zur Tangente auswuchs, indem man so zugleich die Saiten abteilte und anschlug (der Teil der Saite, welcher nicht erklingen sollte, wurde mit der Hand gedämpft) und ein harfenähnliches Instrument, man nennt hier gewöhnlich den Psalter — Andere das Cymbal (Hackbrett), welches den Gebrauch mehrerer in dieser Weise zum Tönen gebrachten Saiten nahe legte, gelten als Stammeltern unseres Klaviers. Der Name Klavier kommt von claves, lat.: die Taste. (clavi–chord clavi–cembalo).

Musikgeschichte

Ledertangente heissen **Clavicymbal**. Bartolomeo Christofori, 1655 zu Padua geboren — 1731 † zu Florenz, gilt als Erfinder des Hammerklaviers: belederte Hämmerchen schlagen die Saite an. Die Erfindung ist 1711 veröffentlicht.

Instrumentalkomposition

Die **Instrumentalkomposition** des Mittelalters entwickelte sich aus der Vokalkomposition, da man vor dem XVI. Jahrhundert nur Vokalkompositionen schrieb und alles Musizieren auf Instrumenten zu Beginn jenes Jahrhunderts sich zunächst darauf beschränkte, die Singstimmen auf Instrumenten einfach mitzuspielen, oder einen Teil der Stimmen singen zu lassen, andere Stimmen auf Instrumenten zu ergänzen. So geschah es, dass eine mehrstimmige Komposition, welche ursprünglich nur Vokalkomposition war, so ausgeführt wurde, dass nur eine Stimme gesungen, die übrigen gespielt wurden. Die Komponisten nahmen derzeit auf diese Praxis Rücksicht, denn auf dem Titelblatt einer Ricercar von **Jacques de Buus** (crc. 1550) lesen wir z. B.:

da cantare e sonare 'd'Organo e alteri Stromenti
[Zu singen oder zu spielen auf der Orgel oder andern Instrumenten].

Laute

Besonders war die **Laute** schon Anfang des XVI. Jahrhunderts als Begleitinstrument verwandt. Nun wurden auch ganze Vokalkompositionen für Lauten umgeschrieben und schliesslich mit Rücksicht auf die Spielweise des Instrumentes gleich für dasselbe komponiert. Dass man an Stelle lang ausgehaltener Gesangnoten, welche auf der Laute unausführbar waren, um die entstehenden Pausen zu verdecken, Verzierungen anbrachte, war natürlich und dieses wirkte wieder befruchtend auf die Komposition. Auch kleine einfache Vor- und Nachspiele bei Gesangskompositionen mit Lautenbegleitung entstanden. Gelegentlich der Besprechung des Oratoriums (Formenlehre Seite 135) gedachten wir des Entstehens einer Instrumentalstimme mit Ziffern, welche andeuten sollten, welche Harmonien gewünscht wurden, der sogenannten **Generalbass-Bezifferung**, einer beständig (continuo) beigegebenen Bassstimme. Diese Bassstimme wurde

Mittelalter: Instrumentalkomposition, Anfänge der Mehrstimmigkeit

dann zunächst auch auf der Laute, deren es in allen Grössen gab, ausgeführt. Die Begleitung erhielt dadurch mehr Selbständigkeit und drängte zur Ausbildung der Instrumentaltechnik und damit zur Instrumentalkomposition. G e n e r a l b a s s - B e z i f f e r u n g siehe S. 135.

Später traten Orgel und Klavier an Stelle der den Continuo ausführenden Lauten-Instrumente.

4. Anfänge der Mehrstimmigkeit.
Meister des XV. und XVI. Jahrhunderts.

Die erste Form der Mehrstimmigkeit wird dem „**Orgelpunkt**" entstammen, d. h. der Ausführung einer selbständigen Melodie über einem festliegenden Basston, wie man das im Prinzip schon an dem Dudelsack und der Drehleier und anderen Instrumenten kannte, bei denen ein Basston beim Spielen des Instrumentes mitklang, unbeeinflusst von der eigentlichen Melodie. Der erste Versuch, zwei vollständige Stimmen nebeneinander zu gleicher Zeit ertönen zu lassen, war das sogenannte „**Organum**", welches schon Hucbald beschreibt; es bestand aus dem Mitsingen einer zweiten Stimme in Quarten oder Quinten (parallel der ersten Stimme) — für unsere Ohren eine wenig erbauliche Musik. — Bei Schlüssen und Melodie-Einschnitten trafen die Stimmen zusammen. Eine Abart dieses war das Organum vagans: das schweifende Organum, welches als Durchgangstöne Sekunden und Terzen gestattete.

Aus dem Organum entwickelt sich der „**Discantus**." Wenn jenem Parallelbewegung zu Grunde lag, so war in diesem fortgesetzte Gegenbewegung. Eine aus dem XII. Jahrhundert erhaltene Vorschrift verlangt, dass auf die Noten des cantus firmus [der Original-Melodie] in einer zweiten Stimme abwechselnd Oktaven und Quinten zu bringen seien, doch bald schob man auch Durchgangstöne und sogar frei eintretende Nachbartöne ein. Als eine im XIV. Jahrhundert allgemein gebräuchliche Manier der Dreistimmigkeit wird der **F a u x b o u r d o n** beschrieben: dem **T e n o r** [der Tenor war Träger der Haupt

Formen der Mehrstimmigkeit

Musikgeschichte

stimme, vom lat.: tenere = halten] wurden gleichzeitig zwei Stimmen gegenübergestellt, welche mit dieser hauptsächlich Terzen und Sexten bilden, während Oktaven, Quarten und Quinten nur beiläufig: Quint, Oktave und Einklang zu Anfang und Schluss, Quarten in den Begleitstimmen, unter einander vorkommen.

Auf der Unterlage vorbesprochener Fundamente konnte weiter gebaut werden, und so sehen wir im XIV. Jahrhundert den Kontrapunkt sich entwickeln, der im XV. und XVI. Jahrhundert unter den Händen grosser Meister vor keiner Aufgabe zurükschreckt.

Wir dürfen den Abschnitt über das Musikleben und die Errungenschaften des Mittelalters nicht beschliessen, ohne noch einen Blick auf die Entwicklung der weltlichen Musik geworfen zu haben, wie sie sich in den Gesängen der **Troubadours** und **Minnesänger** und der Meistersinger sowie in den Volksliedern kund thut.

Troubadours u. Minnesänger

Die ritterlichen Dichter und Sänger, welche im XI. bis XIV. Jahrhundert ihre, weniger streng sich der übergrossen Zahl von Regeln und Vorschriften unterordneten, als frisch und melodiös empfundenen Melodien auf Texte erotischen, satyrischen, didaktischen, auch wohl historischen Inhalts an den Fürstenhöfen zu Gehör brachten, nannte man in Frankreich Trouvères, in Italien Trovatori, in Spanien Trobadores, in Deutschland Minnesänger.

Einer der Bedeutendsten ist Adam de la Hale (1240—1287), andere sind Guillaume Machault, Thibeaut IV., König von Navarra, Heinrich von Ofterdingen, Wolfram von Eschenbach, Walter von der Vogelweide. Oft hatten die Ritter einen Gehülfen, der die Lieder vortrug oder begleitete, man nannte sie Menestrels, oder Minstrels, ménétiers, jongleurs. Diese Diener der Ritter waren Musikanten von Profession, welche um 1400 sesshaft wurden und in den Städten eine privilegierte Zunft bildeten. Sie zogen umher, spielten zu Tanz und waren dem Volke willkommen, doch galten die Spielleute

Mittelalter: Troubadours, Meistersinger

("das fahrende Volk") als "unehrlich Volk", und im Staate als rechtlos. An der Spitze ihrer Innungen standen Pfeifenkönige [Spielgrafen und Geigenkönige, nach einigen Berichten wieder über diesen], deren Rechtspruch sich die Spielleute fügen mussten, und welche die Interessen der Zunft in jeder Beziehung — auch gegen weltliche Machthaber — vertraten.

Von den Rittern ging die Pflege des Gesanges (und der Dichtkunst) auf Männer aus dem Volke über, **"Meistersinger"** genannt, welche ganze Schulen bildeten. Und wenn auch die Kunst von dem Institut der Meistersinger, welche zu sehr an Form und Regel haftend verzopften, keine wesentliche Förderung erhielt, so wurde doch im Volke der Sinn und die Empfänglichkeit für Ideelles rege gehalten. So ist denn auch das Volkslied nicht eingeschlafen, und die Tanzlieder "Reutterliedlein", "Gassenhawerlin", und andere Lieder klangen überreich in das XV. und XVI. Jahrhundert mit ihrer ungezwungenen Melodik und Naivetät in der Erfindung der Kunstmusik zum Nutzen und Frommen.

<small>Meistersinger</small>

Namen der bedeutendsten Meistersinger sind: Hans Sachs, Heinrich Frauenlob, Michael Behaim, Hans Rosenblüth, Hans Folz. Meistersinger-Schulen florierten im XIV. Jahrhundert in Mainz, Strassburg, Frankfurt, Würzburg, Zwickau, Prag, im XV. bis XVI. zu Augsburg, Nürnberg, Kolmar, Regensburg, Ulm, München u. s. w. Die Schulen von Nürnberg, Strassburg und Ulm hielten sich bis in unser Jahrhundert, indem im Jahre 1839 die letzten Mitglieder der Ulmer Schule ihre Insignien einem dortigen Gesangverein übergaben.

Die Neuzeit.

1. Die Zeit des Uebergangs.

Das Ende des Mittelalters kannte eine Reihe bedeutender Meister des Kontrapunkts, unter denen es besonders die Komponisten der Niederländischen Schule waren, deren Bestrebungen auch ihre bedenklichen Seiten hatten. Die Sucht als Meister des **Kontrapunkts** zu glänzen, brachte die Kunst des Kontrapunktierens wohl auf eine ungeahnte Höhe, doch zugleich mit jener Fertigkeit im Beherrschen der Form, wurde die Form mehr und mehr Hauptsache und schliesslich ein kunstvolles, aber leeres Gehäuse.

Schon in der zweiten Hälfte des XVI. Jahrhunderts tadelten kunstsinnige Männer Italiens die Bahnen, in denen sich die überkünstelte Kunst bewege, und jene Genossenschaft von Kunstfreunden und Künstlern, welche im Jahre 1580 zu Florenz im Hause des Grafen Bardi eines geistreichen Verkehrs pflegte, war sich darüber klar, dass die moderne Musik nur eine Verirrung bedeute, und dass nur eine Wiederbelebung der antiken Kunst Wandel schaffen könne. Man stützte sich hierbei auf Platos Definition: Musik „ist eine Verbindung von Wort, Harmonie und Rhythmus, das ist das Verhältnis der wohlgeordneten Reihe von Längen und Kürzen zu den Worten und der Höhe und Tiefe von Tönen. Die Musik ist nichts anderes als die Art und Kunst den Worten ihr richtiges Zeitmass zu geben" . . . . u. s. w. — Bardis Kriegserklärung gegen den Kontrapunkt lässt sich in seinen wenigen Worten zusammenfassen:

> „Unsere Musik scheidet sich heutzutage in zwei Teile, der eine gehört dem sogenannten Kontrapunkt, der andere der „Kunst zu singen!""

Bardi, nicht nur anregend, sondern auch selbst dilettierend, vor Allem aber Caccini, Cavaliere, Vincenzo Galilei (der Vater des berühmten Astronomen) und durch sie wiederum angeregt, Jacob Peri (Bonnetti, Brunelli, Durante, Aquilano) und andere komponierten nun monodisch d. h. für Einzelgesang mit Instrumentalbegleitung.*) Diese „Neue Musik" fand viel Anklang auch Michael Präetorius, der bedeutende Braunschweiger Schriftsteller und Komponist, beachtet jene neue Manier nicht

---

*) Die Instrumentalbegleitung (Siehe Instrumentalkomposition des Mittelalters) wurde nach Angabe der Generalbass-Bezifferung, zunächst natürlich ziemlich primitiv, später komplizierter angelegt.

Übergang vom Mittelalter zur Neuzeit

misstrauisch, sondern empfiehlt sie seinen Landsleuten zur Nachahmung.

Uebrigens hatte schon vor dieser Zeit einer der grössten
Meister aller Zeiten Giovanni Pierluigi da **Palaëstrina**, der auf
Anregung des Tridentiner Conzils 1545—1563 ein Refor-
mator der Kirchenmusik wurde, wenn auch nicht die Vielstimmigkeit verworfen, so doch derartig angewandt, dass sie
den Kompositionen der Niederländer gegenüber als Mittel zum
Zweck und nicht als Selbstzweck verwandt wurde. - Auf die
bereits genannten Italiener folgte mit Beginn des XVII. Jahrhunderts eine stattliche Reihe begabter Musiker, unter denen
wir als die bedeutensten und einflussreichsten Claudio di
Monteverde (1568—1649) und **Carissimi** (1604—1674) nennen
wollen, welche für die neue Richtung bahnbrechend wirkten.

Die Entstehung des Oratoriums (siehe daselbst) vor allen
Dingen aber der Oper, besser gesagt des „Musikdrama",
hängt mit dieser Entwickelung der Florentiner Kunst, welche
die Musik zu Gunsten des Wortes anwendet, eng zusammen.

2. Die Entwicklung der dramatischen Musik in Italien.

Einflussreich und bedeutungsvoll für die Italienische Oper
wurde Alessandro **Scarlatti** (1649—1725), dieser unglaublich
produktive Komponist, dessen Opern die Zahl 100 erreichen,
den man als Gründer der Napolitanischen Schule bezeichnet,
welche, obwohl aus der Florentiner entstammend, den „bel canto"
auf den Schild erhebt. Den „bel canto" nennt man, wie aus
dem Wort hervorgeht die ausschliessliche Bevorzugung des
Melodiösen, oft auf Kosten des dramatischen und mit Hintan-
setzung der Begleitung.

Eine solche von den Komponisten verlangte auf Stimm-
effekt hinzielende Behandlung der Gesangspartien in den Opern
machte auch eine entsprechende Ausbildung der Sänger und
Sängerinnen nötig, (Einer der bedeutendsten Gesangslehrer
Italiens war Nicolo Porpora 1686—1767). Diese ihrerseits
wollten, wenn sie etwas Tüchtiges gelernt hatten, mit ihrem

Musikgeschichte

Können brillieren und sangen eine Rolle nur dann, wenn sie ihnen Gelegenheit bot, damit Aufsehen zu erregen, weshalb die Komponisten später oft für den oder jenen Sänger oder eine Primadonna ganz speciell die Gesangsnummern ihres Werkes berechneten. Für diese auf technische Gewandtheit und äusserliche Klangschönheit berechnete Stimmausbildung war und blieb — man kann sogar sagen, ist noch immer — die italienische Gesangsmethode in ihrer Art einzig. Einige von Scarlattis bedeutendsten Nachfolger sind: Durante (1684—1755) Porpora (1686—1767). L. Vinci (1690—1732). Pergolesi (1710—1736). Jomelli (1714—1774). Piccini (1728—1800). Piccini war ein seiner Zeit hochangesehener, sehr produktiver Opernkomponist. Man schreibt ihm als Neuerung die Einführung ausgeführterer Final-Sätze mit Tempo und Tonartwechsel der verschiedenen dieselben bildenden Scenen zu. In Italien feierte seine komische Oper „La buona figliona" grosse Triumphe. Später 1776 ging er nach Paris und wurde dort Mittelpunkt der gegen Gluck arbeitenden Partei der „Piccinisten" ohne übrigens selbst Anteil an den Zwistigkeiten zu nehmen. Paisiello (1741—1816) **Cimarosa** (1749—1801). Zingarelli (1752—1837). In **Pergolesi** sehen wir den Begründer der opera buffa d. h. der komischen Oper, indem er „Intermezzi" einschaltete, welche scherzhafte Handlungen weniger Personen vorführten. Logroscino (1700 ca. — 1763), Cimarosa, Paisiello und Galuppi; auch der deutsche Joh. Ad. Hasse (1699—1783), welcher in Italien seine Studien machte, folgten ihm auf diesem Wege. Unter dem Eindruck der Mozartschen Muse schuf Ferdinando Paër (1771—1839) manches Wertvolle zumal nach seiner Uebersiedlung nach Wien. — **G. Rossini** 1792—1868 (in Pesaro geboren: der Schwan von Pesaro genannt) ist der bedeutendste Italiener für lange Zeit, welcher Italien nicht minder wie Deutschland, Frankreich und England durch die Liebenswürdigkeit seiner Melodien entzückte, und ausser „Wilhelm Tell" „Tancred", „Othello", „Diebische Elster", seinem „Stabat mater" und andern, in seinem „Barbier von Sevilla" ein für die opera buffa unsterbliches Werk schuf. Rossinis Nachfolger waren: **Bellini** 1801—1835 mit „Norma" als derjenigen Oper, welche noch heute auf dem Repertoir zu finden und **G. Donizetti** 1797—1848 mit seinen Opern: die Tochter des Regiments, „Lucia di Lammermoor", „Lucrezia Borgia". **Verdi** 1813 geboren, ist augenblicklich der gefeiertste der Italiener, unter seinen Opern von sehr ungleichem Wert sind die bedeutendsten — „Il Trovatore" „La Traviata", „Rigoletto", „Aida", „Othello." Verdi ist italienischer Opernkomponist in des Wortes verwegenster Bedeutung: wohl melodiös, doch oft trivial und der Situation mit seiner Musik ins Gesicht schlagend, oder oberflächlich. — Um auch Jung-Italien nicht zu vergessen, seien die Namen von **Pietro Mascagni** (geb. 1863) [mit „Cavalleria rusticana"] und **Leoncavallo** (geb. 1858) [„Pagliacci"] genannt.

3. Die Violine und ihre Meister.

In gleicher Weise wie von Italien die dramatische Musik ausging, und wie nachher dieses Land die Geburtsstätte des Kunstgesanges wurde, ist auch Italien die Heimat der Violine, der ersten Violinvirtuosen und der ältesten Komponisten für dieses Instrument. Ehe wir deshalb das Aufkeimen jenes Saatkornes der italienischen dramatischen Musik weiter verfolgen, wollen wir die Violine und ihre Meister einer kurzen Betrachtung unterziehen.

Wie sich infolge der Entwickelung der begleiteten Melodie auch die Instrumentalkomposition entwickelte, sahen wir schon, auch darf man nicht übersehen, dass die Instrumentalkompositionen ihrerseits grossen Einfluss auf Verbesserungen der Instrumente hatten, und diese dann wieder infolge ihrer gesteigerten Leistungsfähigkeit befruchtend auf die Erfindungsgabe der Tonsetzer zurückwirkte, welche bemüht waren, die Fähigkeiten der Instrumente zu Gunsten der Kunst auszunutzen. Hand in Hand damit geht natürlich die Entwickelung des **Virtuosentums**, dessen hervorragendes Können die Anforderungen auf tech-

Musikgeschichte

nischem Gebiet auch für das Gros der Musiker allmählich in die Höhe schraubt.

Nachdem die Violine in ihrer heutigen Form entstanden war (siehe S. 50), wurde sie durch Violin-Baumeister, die bis jetzt nicht übertroffen sind, kurz nach ihrem Entstehen auf die Stufe höchster Vollendung gehoben. Der Begründer der Geigenbauschule von Cremona war Andrea Amati (1577 †), der bedeutendste unter seinen Nachkommen sein Enkel **Nicolo Amati** (1596—1684). Wenn sich die Amati-Geigen durch einen weichen, gesangreichen Ton auszeichneten so gewann die Geige unter Antonio **Stradivari** (1644—1737) und seinen zwei Söhnen (Francesco und Omobono) an Grösse und Kraft des Tones. Neben den Violinen sind auch Celli und Bratschen (Violen) jener Meister mustergültig; auch Gamben (Viola da Gamba = Kniegeigen, wie Viola da braccio = (Bratsche) Armgeige), Lauten, Mandolinen wurden von ihnen gebaut. Andrea **Guarneri** endlich arbeitete in den Jahren 1650—1695. Seine Söhne sind Giuseppe und Pietro; sein Neffe Gius. Antonio, gen. „del Gesu" (1683—1745) lieferte sehr wertvolle Instrumente. Gasparo di Salò (1560—1610), G. P. Maggini (ca. 1590—1640) und die Gebrüder **Stainer** (Steiner) in Tyrol, besonders Jacob Stainer (1621—1683) sowie die Italiener Ruggieri, Bergonzi, Guadagnini und andere leisteten gleichfalls Vorzügliches. Der erste Virtuose auf der Violine war **Arcangelo Corelli** (1653—1713); er und Antonio Vivaldi (1743 †), trugen durch Kompositionen für Solo-Violine, Trios für zwei Violinen mit Orgel oder Cello u. s. w. zur Ausbildung der Technik wesentlich bei. Giuseppe **Tartini** (1692—1770) ist der hervorragendste jener Zeit (Komponist der Teufels-Sonate). Noch sind Nardini, Viotti, Locatelli, Torelli zu nennen. Unter den deutschen Meistern ist Joh. Georg Pisendel (1687—1755) der Hervorragendste.

Der bedeutendste aller Geigenkünstler, dessen Leistungen an das Sagenhafte grenzen, und wohl, wenn die Berichte über ihn nur halbwegs der Wirklichkeit entsprechen, schwer zu übertreffen sind, war **Nicolò Paganini** (1782—1840).

Violine und ihre Meister. — Oper in Frankreich

Virtuosen und zum Teil treffliche Tonsetzer für die Violine sind aus dem XVIII.—XIX. Jahrhundert: Baillot, Beriot, Ole Bull, David, E. Kreutzer, Mazas, Spohr, Strauss, Vieuxtemps, Wieniawski, Dancla, Joachim, Sarasate, Sauret, Léonard, Wilhelmj, Brodsky, Zajic, Heermann, Burmester, Gabriele Wietrowetz, Arma Senkrah, Teresina Tua.

Der Einfluss der italienischen dramatischen Musik machte sich auch auf das Ausland geltend, denn gleich nach Entstehung italienischer Operntruppen gingen solche in das benachbarte Frankreich, und den Bedarf an bedeutenden Solisten deckte bis in die neuere Zeit hinein für Frankreich ebenso wie für Deutschland und England fast ausschliesslich Italien, die Heimat der Gesangskunst. Im Anschluss an die Italiener wollen wir zunächst betrachten:

4. Die Entwicklung der dramatischen Musik in Frankreich.

Frankreich bekam die ersten Opern durch eine italienische Operntruppe zu hören, welche der Kardinal Mazarin an den französischen Hof berief (1645). Opern von Peri und Cavalli kamen zur Ausführung; doch schon im Jahre 1671 eröffneten Perin und Cambert die erste französische Oper mit einer Komposition Camberts. Bedeutung erhielt die französische Oper jedoch erst durch Lully. Jean Baptiste de **Lully** (1633—1687) war geborener Florentiner, kam jedoch schon als zwölfjähriger Knabe nach Paris. Seine Oper (vergleiche Ouverture) unterschied sich vorteilhaft von der der Italiener, indem er sich wieder auf den Standpunkt der alten Florentiner Schule stellte; das Recitativ, welches sich getreu dem Text anschliesst, ist bevorzugt und seine Arien sind melodiös, doch vermeidet er Textwiederholungen, unnütze Coloraturen und Wortverunstaltungen zu Gunsten der Musik. Jean Philippe Rameau (1683—1764) war nicht nur ein guter Klaviervirtuose und vorzüglicher Theoretiker, sondern begann auch noch in vorgerückten Jahren (in seinem 50. Lebensjahr) sich als Opernkomponist zu bethätigen und führte die Grundprinzipien Lully's weiter. Wenn Lully auch der grössere Dramatiker war, so gestaltete Rameau

Musikgeschichte

die Instrumental- und Vokalsätze, wie auch die Begleitungen reicher und klangvoller. Jean Jacques Rousseau (1712—1778) muss als Schöpfer des Melodramas angesehen werden.

Unterdessen hatte in Deutschland die Opernreform Chr W. Glucks (siehe daselbst) stattgefunden, dem entgegen Piccini auf den Schild gehoben wurde, was auf einen Musiker wie **Cherubini** (1760—1842) nicht ohne nachhaltigen Einfluss blieb. Cherubini, ein geborener Italiener, hat in seinen Werken ein eigenartiges, herrliches Können offenbart und nicht allein die Oper, welche er mit „Medea", „Anacreon", dem „Wasserträger" beschenkte — noch sei die komische Oper „Der Kalif von Bagdad" erwähnt —, auch die Kirchenkompositionen, Symphonie- und Kammermusik bereicherte er. **Etienne Nicolas Méhul** (1763—1817), ein Zeitgenosse des Vorigen, ist bekannt durch die Opern „Euphrosine" und „Joseph in Aegypten"; eine grosse Zahl anderer Arbeiten Méhuls werden nicht mehr gehört, es sei denn die Ouverture zu „Le jeune Henri." Bedeutendes leistete **Gasparo Spontini** (1774—1851) „der Repräsentant des Glanzes und der Pracht des französischen Kaiserreiches." Mit seiner „Vestalin" errang er den von Napoleon I. gestifteten Decennalpreis und liess diesem ersten ein zweites Meisterwerk „Ferdinand Cortez" folgen. Die glanzvolle Instrumentation, die grosse Scene mit brillanter Ausstattung u. s. w. drängen ihn zur Äusserlichkeit. Duni (1709—1775), Philidor (1726—1795), Monsigny (1729—1817) und Gretry (1741—1813) sind die ersten wichtigen Repräsentanten der opéra comique, welche in Nachwirkung der in Paris aufgeführten Werke Pergoleses und Logroscinos [Werke, deren Aufführungen ganz Paris in zwei Heerlager, das der Buffonisten: Anhänger der komischen Oper — und das der Antibuffonisten: Anhänger der französischen Nationaloper — teilte] entstanden waren. Ihnen folgen nun **Boieldieu** (1775—1834) mit dem „Kalif von Bagdad", „Johann von von Paris", der „Weissen Dame" und vielen andern Opern in denen er sich auch als bedeutender Lyriker zeigt, und **Auber** (1782—1871) mit „Fradiavolo", „Maurer und Schlosser", „Des

Oper in Frankreich

Teufels Anteil." „Die Stumme von Portici" und „Der Maskenball" gehören dem Genre der grossen Oper an, von denen das erstgenannte eine Perle ist.

Mit **Giacomo Meyerbeer** (1791—1864) stehen wir auf der Höhe der französischen „Grossen Oper." „Robert der Teufel", „Die Hugenotten", „Der Prophet" — anderer nicht zu gedenken, welche nicht an jene heranreichen — sind Werke, deren Bedeutung nicht unterschätzt werden darf. Doch tritt die Effekthascherei als Selbstzweck im Vokalen und Instrumentalen zu sehr in den Vordergrund. Erst nach Meyerbeers Tode kam „Die Afrikanerin" zur Aufführung. Herold (1791—1833) mit der Oper „Zampa" als Hauptwerk und **Halévy** (1799—1862), besonders in „Die Jüdin" zeigen sich als hervorragende Meister von ernstem Streben. **A. C. Adam** (1803—1856) hatte durchschlagenden Erfolg mit seinem „Postillon von Lonjumeau."

Interessant unter den Jüngern sind **Hector Berlioz** (1803—1869) ein geistreicher Musiker und Meister der Instrumentation mit der Oper Benvenuto Cellini und **Saint-Saëns**, geb. 1835, der in der Instrumentation die Wege Berlioz's wandelt, jedoch innerlicher angelegt ist als jener und mit seiner Oper „Delila" z. B. viel wirklich Schönes bietet. **Ambroise Thomas** (1811) ist mehr kokett liebenswürdig, melodiös als innerlich, seine Oper „Mignon" ist allenthalben Repertoirstück. **Charles François Gounod** 1818—1893 hat mit seiner Oper „Faust", welche seinen Namen schnell überall bekannt machte, sich dauernde Bedeutung verschafft. Georges **Bizet** (1838—1875) hat mit seiner Oper „Carmen" wohlverdienten Erfolg erzielt, starb jedoch kurz danach. Maillart (1817—1871) („Glöckchen des Eremiten") und **Leo Delibes** (geb. 1836) [„Der König hats gesagt"] haben der komischen Oper gediegene Kompositionen geschenkt. Delibes hat auch höchst graziöse, melodiöse Ballets: z. B. „Sylvia" und besonders „Coppelia", komponiert. Die französische Operette schliesslich fand in **Jacques Offenbach** (1819—1880) [„Orpheus in der Unterwelt", „Verlobung bei der Laterne", „Schöne Helena"] einen Vertreter, dessen Begabung leider in Kompositionen abge-

Musikgeschichte

schmackten Genres verflachte. Charles Lecocq (1832 *) folgte der Offenbachschen Kompositionsweise mit „Fleur de thé", „La fille de Mamsel Angot" Giroflé-Girofla und vielen andern Operetten, welche durchschnittlich höher als die Offenbachs stehn, da sie eine korrektere Arbeit zeigen.

5. Englische und Russische dramatische Musik.

England hat nur eine verhältnismässig kurze Blütezeit der Oper aufzuweisen, d. h. einer national englischen Oper, deren Hauptrepräsentant gegen Ende des XVII. Jahrhunderts Henry **Purcell** (1658—1695) war, welcher ausser einer Anzahl Opern, unter denen „King Arthur" seine bedeutendste Schöpfung ist, auch viele kirchliche Kompositionen schuf, mit denen er als Vorläufer Haendels anzusehen ist. Thomas Augustin Arne (1710—1778) der Komponist des „Rule Britannia" hat ungefähr 30 Opern und Musiken zu Dramen — viele zu Shakespearschen Dramen — geschrieben, denen melodischer Fluss nachgerühmt wird. Unter den Neueren ragen Mackenzie (1847 *) und Arthur **Sullivan** (1842 *) mit seiner originellen komischen Oper „Mikado", welche mit wohlverdientem Beifall überall aufgeführt wurde, hervor.

Russland hat in „Kephalos und Prokris" von Araja (1700 — ca. 1770) einem geborenen Italiener, seine erste Oper in russischer Sprache. Cavos (1775—1840) schrieb 14 russische Opern. Werstowsky (1799—1862) und **Glinka** (1803—1857) war es beschieden eine ausgesprochen russische National-Oper zu schaffen; beide waren bedeutende Tonsetzer deren erstgenannter sich mit „Gromoboy", „Der offenbare Traum", „Sehnsucht nach dem Vaterland" u. a. m. und deren zweiter mit „Russlan und Ludmilla" und besonders mit „Das Leben für den Zar" sich unvergängliche Denkmäler setzten. Anton **Rubinstein** (1829—1894) hat im „Dämon" und mit „Kalaschnikoff" und „Goruscha" russische Opern von Bedeutung geschaffen (Rubinstein siehe auch Seite 87.) Peter **Tschaikowskys** (1840—1893), „Eugen Onegin" (Text nach Puschkin) „Schmied Wakula"

„Opritschnik" „Tschorodeika" und andere erfreuen sich in Russland allgemeiner Beliebtheit. Tschaikowsky ist unleugbar einer der originellsten und genialsten Komponisten der letzten Jahre gewesen.

C. Die Anfänge der dramatischen Musik in Deutschland
(Anfänge der Oper und des Singspiels).

Heinrich Schütz (1585—1672), der geniale Meister der Passionskomposition (Siehe S. 136) war es, welcher in der „Daphne" (1627 in Torgau aufgeführt), Deutschland die erste deutsche Oper gab, deren Textbuch erhalten ist, während die Musik leider verloren ging. Das erste feststehende Opernhaus wurde in Hamburg 1678 gegründet und florierte bis 1738, in welcher Zeit eine grössere Anzahl namhafter Musiker Hamburg zum Mittelpunkt des musikalischen Lebens in Deutschland machte. Die Namen der bedeutendsten Opernkomponisten der damaligen Zeit sind Joh. Theile (1646—1724), Nic. Strunck (1640—1700), J. S. Kusser (1657—1727), Reinhard Keiser (1673—1739), Joh. Mattheson (1681—1764), Telemann (1681—1767) und Haendel (1685—1759). Keiser war — von Haendels für die Hamburger Oper geschriebenen wenigen Werken abgesehen — der bedeutendste; die Zahl seiner zum Teil recht melodiösen Opern werden auf nicht weniger als 120 angegeben. Telemann verfügte über bedeutendes Können und war seiner Zeit hoch angesehen. Seine Produktivität übersteigt [Opern schrieb er 40] das Glaubliche. Mattheson war als Schriftsteller bedeutender denn als Opernkomponist, wenngleich manches Wertvolle sich auch in seinen 8 Opern finden soll. Haendel komponierte, ehe er sich der Oratorien-Komposition hauptsächlich widmete, nachdem er 1707 Hamburg verlassen hatte, in Italien und London eine grössere Anzahl von Opern, welche Herrliches enthalten (für Hamburg schrieb er nur „Almira", „Florinde", und „Nero", davon letztgenannte verloren ging) An die Zeit der genannten Meister sich anschliessend fällt die Entstehung der komischen Oper in Deutschland. Der

Begründer des Singspiels, aus dem sich die eigentliche komische Oper entpuppt, ist **Adam Hiller** (1728—1804). „Der Dorfbarbier", „Liebe auf dem Lande", „Der Erntekranz", „Die Jagd" sind unter andern die Namen seiner populär gewordenen Werke, in denen er schlicht liedmässig seine Leute aus dem Volke singen, während er Standespersonen Arien vortragen lässt. Seine Musik ist harmlos und melodiös. Joh. Schenk (1761—1836) mit seinem „Dorfbarbier" und besonders C Ditters von Dittersdorf (1739—99) mit seinem „Doktor und Apotheker" voller naiven Humors und frischer Melodik, folgten ihm

7. Deutschlands Hegemonie in der Musik.
Die Zeit Bach und Haendels.

Deutschlands Führerschaft in der Kunst der Musik tritt mit der Wende des XVII./XVIII. Jahrhunderts unleugbar zu Tage und ist bis in die Jetztzeit hinein unbestritten geblieben. Als Marksteine dürfen die beiden Heroen: /Bach und Haendel gelten. Bach und Haendel, obgleich sie in demselben Jahre geboren sind, zeitweilig auch nicht weit von einander lebten und, trotzdem ihr Kunstschaffen ein so verschiedenes war, dennoch viele gemeinsame Punkte darin aufweisen, haben sich nie persönlich kennen gelernt. /

Die Werke beider Tonmeister haben sich wie ihr Leben gestaltet. /Bachs Werke sind gewaltig, gross, nicht frei von Starre und Herbheit; ohne rechts und links zu blicken, geht er den Weg, den sein Genius ihn führt, unbekümmert darum, ob die Mitwelt ihn in seiner frommen Einfalt und seiner in sich gekehrten Grösse versteht./ Der Name Bach ist eine Periode in der Kunstgeschichte für sich. /Haendel ist Weltmann, seine Kompositionen sind liebenswürdiger, mehr glänzend als in sich gekehrt, er macht trotz der sich ausprägenden tiefen Frömmigkeit der Welt um sich her mehr Konzessionen, ist infolgedessen dem Laien verständlicher als Bach, überragt jedoch gleich jenem seine Mitwelt um ein Gewaltiges./

Bach und Haendel

Johann Sebastian Bach (geb. 1685 in Eisenach, gest. 1750 in Leipzig) ist zunächst als Meister der Cantate (siehe S. 137) unübertroffen, dann aber sind die „Matthäuspassion" und „Johannespassion" gleich der „H-moll-Messe" Riesenwerke; auch das Oratorium verdankt ihm ein „Himmelfahrts-", ein „Oster-" und ein „Weihnachts-Oratorium." Bach hat wie keiner vor und nach ihm die Form der Fuge kultiviert; seine Orgelfugen sind ein Schatzkästlein für jeden Orgelspieler und „das wohltemperierte Klavier" ist ein Meisterwerk für alle Zeiten, nicht minder, wie in ihrer Weise „die zwei- und dreistimmigen Inventionen", „die Kunst der Fuge", die Partiten, Suiten u. s. w.; sodann müssen wir ihn noch in seiner Eigenart als Komponist für die Violine (und das Cello) hervorheben, für die er drei Sonaten und drei „Partiten" (Suiten) für Solo-Violine (für Cello) ohne jegliche Begleitung schrieb, und dem Spieler dadurch eine schwere Aufgabe stellte, dass er für das Instrument vollkommen polyphon schrieb, was Keiner vor ihm gethan hatte. Auch die Orchester-Suiten Bachs sind zum Teil recht interessant und schön. — Die Zahl der Werke Bachs ist eine ganz enorme, so dass wir uns mit mit diesem Hinweis auf die Hauptschaffensgebiete des Meisters begnügen müssen.

Georg Friedrich Haendel (geb. 1685 in Halle, gest. 1759 in London) hat uns ebenfalls eine Unzahl von Werken hinterlassen. Das Oratorium bildet den Mittelpunkt seines Schaffens, wie wir gelegentlich der Besprechung der Kunstform des Oratoriums noch näher beleuchten werden. Der „Messias", welchen Haendel in 24 Tagen geschrieben hat, ist das hervorragendste unter den Werken dieser Gattung und muss als Hauptwerk des Komponisten gelten. Haendel schuf auch eine nicht unbedeutende Zahl von Instrumentalwerken: Orgelkonzerte, Sonaten, Fantasien, Fugen; ausserdem sind erwähnenswert die „Concerti grossi", von denen das sechste noch heute sich der besonderen Gunst der Konzertbesucher erfreut. Haendel hat deren 12 geschrieben, man könnte sie eine Kombination von Suiten und Sonaten nennen; sie sind durchschnittlich 4—6 sätzig, bevorzugen nicht die alten Tanzformen, haben dagegen viele langsame Sätze und oft fugierte Allegri.

Einer der Bedeutendsten aus jener Zeit ist ein Sohn J. S. Bachs:

C. Ph. E. Bach (1714—1788), der Vater unseres heutigen Klavierspiels, denn er war der erste, welcher systematisch Hand- und Fingerhaltung und Applikatur (Fingersatz) normierte; vor seiner Zeit waren Daumen und kleiner Finger von der regelmässigen Benutzung ausgeschlossen, und das Übersetzen der Finger war ein ziemlich willkürliches. Die kompositorische Thätigkeit Bachs ist eine nicht unbedeutende: 210 Solostücke, 52 Konzerte, 18 Symphonien, von denen die eine oder andere der vier im Druck erschienenen noch heute gern gehört wird, 22 Passionen und vieles Andere ist auf uns gekommen. Am interessantesten ist für uns sein „Versuch über die wahre Art Klavier zu spielen", ein Buch, in welchem er ein getreues Bild des damaligen Standpunkts des Klavierspiels giebt und zugleich seinen reformatorischen Ideen Ausdruck verleiht.

Gedenken wir noch des Werkes eines Zeitgenossen von Bach und Haendel, welches noch alljährlich aufgeführt wird, des Passions-Oratoriums „der Tod Jesu" von Graun (1701—1759), während andere Kantaten und Motetten desselben Komponisten sich als weniger lebensfähig gezeigt haben.

Muzio Clementi (geb. 1752 in Rom, gest. 1832) war es, der sich im Anschluss an Ph. E. Bach Verdienste um die Technik des Klavierspiels erwarb. Ausser seinem Etuden-Werk: „gradus ad parnassum" welches noch heute als unumgängliches Schulwerk für den Pianisten von Bedeutung ist, schrieb Clementi 106 Sonaten für Klavier (davon 46 mit Vicline) und seine jedem Klavierspieler bekannten Sonatinen; eine grosse Anzahl anderer Werke sind weniger bekannt oder bedeutend.

Für die Etuden-Litteratur von Bedeutung sind J. B. Cramer 1771—1858 sowie Ignaz Moscheles 1794—1870; beide Schüler von Clementi, deren Etuden in hohem Ansehen stehen.

Carl Czerny (geb. 1791 zu Wien, gest. 1857 daselbst), schliesslich, dessen Werke die Opus-Zahl 1000 übersteigen, hat sich mit seinen Etuden-Werken: „Schule der Geläufigkeit", „40 tägliche Studien", „Schule des Virtuosen" u. a. m. einen ehrenvollen Platz in der klavierpädagogischen Litteratur gesichert.

Ch. W. Gluck.

Eine eigenartige Erscheinung, deren Hauptschaffen sich der dramatischen Musik zuwandte und in dieser eine durchgreifende Umwandlung und ein Vorbild für Viele nach ihm schuf, war Christoph Willibald von Gluck (geb. 1714 zu Weidenwang in der Oberpfalz gest. 1787 zu Wien). Die ersten Werke dieses Tondichters schlossen sich noch dem italienischen Geschmack an, doch die Musik Händels, welche er kennen lernte — er trat in London mit Händel auch in persönliche Beziehungen — so wie die Rameaus, mochten in ihm reformatorische Ideen geweckt haben, und allmählich vollzog sich in seinem Schaffen die Wandlung, welche in dem 1762 edierten „Orpheus" (Orfeo ed Euridice) klar hervortritt. „Armida" und „Alceste", „Iphigenie auf Tauris" und „Iphigenie in Aulis" folgten. In allen diesen Kompositionen vertrat Gluck gegenüber der derzeitig allgemeinen Praxis der italienischen Schule das Prinzip, die Musik sich eng an Text und Handlung anschliessen und die Handlung nicht durch die Entfaltung einer musikalischen Form (Arie etc.) innerhalb derselben unterbrechen zu lassen, alle Stereotypie zu Gunsten des Dramatischen, des lebendigen Ausdrucks müsse fallen. Gluck griff mit dieser Reform auf Caccini[1]) und Claudio di Monteverde zurück und fand in Paris, wo seine Opern erstmalig aufgeführt wurden, in Rameau und dessen, sowie Lullys Anhängern eifrige Parteigenossen, denen gegenüber, als den sogenannten Gluckisten, die Bewunderer der Italienischen Schule, (welche in Piccini damals Triumphe feierte) die Piccinisten standen. Gluck behauptete das Feld.

---

[1]) Caccini hatte seine für sein Schaffen massgebenden Maximen in dem Ausspruch: »eine edle Verachtung der Musik.« [d. h. Unterordnung des rein musikalischen zu Gunsten des Textes) zusammengefasst

Musikgeschichte

Franz Joseph Haydn und seine Zeitgenossen.

Joseph Haydn (geb. 1732 zu Rohrau (Oesterreich) gest. 1809 in Wien). „Vater Haydn", wie er wohl häufig genannt wird, ist der Vater unserer hentigen Instrumentalmusik. Auf den Schultern C. Ph. E. Bachs stehend hat er die Formen der Sonate und Symphonie nicht nur erweitert, sondern auch durchgeistigt Haydns Naivetät und köstlicher Humor, seine gemütvolle Tiefe — welche allem Grübeln fern war — durchziehn alle seine Werke. Gelegentlich der Besprechung der Symphonie (S. 132) wird erwähnt werden, dass Haydn ihr das Menuett gab, fast wichtiger aber noch ist es, dass er für die Instrumentation neue Gesichtspunkte gewann, indem er jedes Instrument individualisierte und in seiner Eigenart verwandte. Haydns Sonaten sind wohl das Studium wert, doch liegt der Schwerpunkt seines Schaffens in den Symphonien, den Trios und Quartetts und in seinen Oratorien „Die Schöpfung" und die „Jahreszeiten". Das Kunstlied und die Oper haben durch Haydn wenig gewonnen.

Unter Haydns Zeitgenossen sei noch erwähnt: Ditters v. Dittersdorf, (vergl. S. 66) er hat Streich-Quartetts und Sonaten geschrieben, welche selten zu Gehör kommen, leider! denn ihre ungeschminkte Frische und Liebenswürdigkeit gepaart mit gemütvoller Naivetät, würde eine Wiederbelebung der an Haydn erinnernden, reizenden Tonschöpfungen lohnend erscheinen lassen.

In diese Zeit fällt auch das Wiederaufkeimen des Kunstliedes. Die Komposition von Kunstliedern hatte nach jenen mehrstimmigen Liedern des XV.—XVI. Jahrhunderts längere Zeit nichts Hervorragendes gebracht. In der zweiten Hälfte des XVIII. Jahrhunderts erst traten wieder Männer hervor, welche angeregt durch die Poesie eines Goethe, diese in Töne kleideten. Friedr. Reichardt (1752—1814) und Karl Frd. Zelter (1758—1832), welcher nebenbei gesagt 1809 die erste Männerchor-Liedertafel begründete, sind es, deren Lieder zu Volksliedern wurden, gleich denen von Fr. H. Himmel (1765 bis 1814). Als Meister der Balladenkomposition, und als solcher

Vorgänger von Franz Schubert und Andern, war Joh. Rud. Zumsteeg (1760—1802) seiner Zeit der erste; seine Balladen und Romanzen und Lieder dürften mehr als rein historisches Interesse beanspruchen.

W. A. Mozart und seine Nachfolger.

Wolfgang Amadeus Mozart (geb. 1756 in Salzburg gest. 1791 in Wien) kann als der begabteste aller Meister gelten, keiner hat sich so vielseitig wie er bethätigt. Was uns an Mozarts Muse immer wieder so eigen berührt, ist neben jener kindlichen Innigkeit, welche das kleinste Melodiebruchstück durchzieht, eine Gefühlsreinheit, welche, durch eine absolute Klangschönheit im Ausdruck unterstützt, den Zuhörer unwiderstehlich gefangen nimmt. Als Instrumentalkomponist hat er Symphonien geschaffen, in denen er zwar bezüglich der Form nicht über Haydn hinausgeht, deren Inhalt sich jedoch noch mehr bei ihm als bei Jenem vertiefte. Seine Klavier-Sonaten sind Perlen, ebenso wie seine Variationen und Phantasien. Mozart wird der klavierspielenden Jugend gewöhnlich zu früh gegeben, denn der Meister verlangt in den Sonaten, wenn sie auch nicht schwer verständlich sind — und das ist es, was dazu verleitet, seine Sonaten zu früh in Angriff zu nehmen, Weniges ausgenommen, eine ganz ausserordentlich fein ausgearbeitete Technik und sehr subtilen Vortrag. Dasselbe in noch viel höherem Masse gilt von Mozarts Klavierkonzerten, vor deren feiner Filigranarbeit unsere heutigen Klaviervirtuosen zurückschrecken, denen es viel bequemer ist, mit einer blendenden Technik und einer Unzahl von Noten in jeder Hand das Auditorium zu verblüffen, als sich in Werke zu vertiefen, welche auf einer einzigen Reihe mehr Feinheiten zeigen, als unsere moderne Virtuosen-Vortrags-Litteratur auf einer ganzen Seite. Der Liedlitteratur hat Mozart nur weniges geschenkt, hingegen hat er in dem himmlischen „Requiem" (Siehe Seite 135) sich ein ewiges Denkmal gesetzt. Die Violinsonaten sind bekannt genug und über Mozarts Streichquartetts ist es fast unnütz ein Wor. zu verlieren. In der kurzen Zeit seines Lebens hat Mozart jedoch, wenn er auch fast auf jedem Gebiet musikalischen Schaffens unsterbliche Meisterwerke schuf, doch ganz speciell der Oper, und zwar in erster Linie der „Opera semiseria" (halbernst, mit komischen Scenen) Werke geschenkt, die in ihrer Gedankentiefe, liebenswürdigen Anmut und Innigkeit wohl kaum übertroffen werden dürften. Mozart zeigt sich uns in diesen Werken besonders als ein Meister des Ensembles: solche Finalesätze (Schlusssätze) sind in ihrer Polyphonie von Stimmen und Stimmungen vor ihm nicht geschrieben worden, und Alles atmet Klang- und Formenschönheit. Mozarts Meisterwerke auf dem Gebiete der Oper sind: „Idomeneus" (1781), „Belmonte und Constanze" oder „Entführung aus dem Serail" (1781), „Figaros Hochzeit" (1785), „Don Juan" (1787), „Cosi fan tutte", Zauberflöte, Titus (1791 erschienen).

Männer von Bedeutung, welche bemüht waren, den von Mozart eingeschlagenen Weg innezuhalten, waren: Joseph Weigl (1766—1846) mit seinem Hauptwerk „Die Schweizerfamilie", welches den Mozartschen Einfluss gewahren lässt. Peter von Winter (1754—1825) der Komponist von „Das unterbrochene Opferfest" und Zumsteeg (1760—1802), der als Balladenkomponist hervorragendes geleistet hat, dessen Opern jedoch veraltet sind (seine bedeutendste war „Die Geisterinsel").

L. van Beethoven.

Ludwig van Beethoven (geb. 1770 in Bonn, gest. 1827 in Wien). Wenn wir in ihm, dem jüngsten des klassischen Dreigestirns: Haydn—Mozart—Beethoven, zugleich den bedeutendsten Meister seit J. S. Bach erblicken, so lässt sich dieses Urteil wohl rechtfertigen. Was wir an seinen grossen Vorgängern bewunderten, wir finden es in Beethoven wieder, nur noch tiefer durchgeistigt, noch gigantischer, packender und zwingender gestaltet und ausgesprochen. Die Melodielinien Beethovens sind gleichsam kühner geschwungen als die seiner Vorgänger und Nachfolger. Die Instrumentation des Meisters zeigt eine Mannigfaltigkeit und eine Abrundung, die in der

Mozart, Beethoven

Musikgeschichte einzig dasteht. Beethovens Hauptbedeutung liegt in seinem Schaffen als Symphoniker: seine neun Symphonien sind zugleich eine Lebensbeschreibung des Komponisten, mit allen Freuden und allen Schmerzen, die ihn bewegten. Die Besprechung der Form der Symphonie im nächsten Abschnitt wird den Einfluss Beethovens auf diese Kunstform näher beleuchten. Nächst den Symphonien sind es die Sonaten für Klavier, die uns einen tiefen Einblick in die Individualität des Komponisten gestatten, und Beethoven wird mit seinen Sonaten das Ziel der Künstler und Dilettanten, die es ernst mit ihrer Kunst meinen, bleiben, denn die unergründliche Tiefe und Schönheit in Gedanken und Formen, welche uns das uns bekannte Kunstwerk doch immer wieder gleichsam neu erscheinen lässt, ist bisher noch nicht erreicht. Wie mit den Sonaten – so ist es auch mit den Klavier-Konzerten, diesen gewaltig schönen Kompositionen, diesen „Symphonien" für Klavier. Beethoven hat der Violin-Litteratur in seinen Sonaten Stück für Stück Meisterwerke geliefert, welche übrigens als Prüfstein für den Solisten, wie auch für den Begleiter gelten können. „Das Beethoven-Konzert", wie es allgemein nur heisst, das Violin-Konzert in D-dur (op. 61) ist entschieden das Muster eines Konzerts an Schönheit und Schwierigkeit. Prof. Joachim hat wohl das „Prae", es unvergleichlich gespielt zu haben. Neben verschiedenen Kammermusik-Ensemblewerken, dem Sextett und den Trios und Klavier-Trios und Quartetts, sind Beethovens Streichquartetts von ganz besonderer Bedeutung, sie sind als das Vollendetste dieser Kompositionsgattung anzusehen. Beethoven hat ausser verschiedenen Musiken und Ouverturen zu dramatischen Werken Anderer nur eine Oper „Fidelio", mit den 4 Ouverturen [eigentliche Fidelio-Ouverture und 3 Leonoren-Ouverturen], von denen die „dritte" jetzt allgemein im Zwischenakt gespielt wird, komponiert. Die bewundernswürdige Dramatik und Charakteristik, die herrliche Verschmelzung des Vokalen mit dem aufs Ausgiebigste herangezogenen Orchestersatz, machen diese einzige Oper Beethovens zu einer „einzigen" in der ganzen Musiklitteratur. — Beethovens Einfluss auf die Vokalmusik ist ein verhältnismässig geringer. Ausser einigen herrlichen Liedern, der Chorfantasie und dem letzten Satz der neunten Symphonie ist nur noch seine „Missa solemnis" (Siehe Seite 134) zu erwähnen. Bei Beethovens Vokalmusik ist trotz ihrer unableugbaren Schönheit zu bemerken, dass der Komponist gar keine Rücksicht auf die Sanglichkeit nimmt, was zumal die Ausführung seiner Chorwerke sehr erschwert.

Schliesslich soll noch eines Unterschiedes gedacht werden, welcher sich zwischen den Werken in Beethovens letzter Schaffensperiode und denen der vorhergehenden Zeit, zwar in allen den betreffenden Werken, besonders aber in seinen Quartetten (op. 127. 130. 131. 132. 135) wiederspiegelt; es ist der „in sich gekehrte Beethoven", dessen innerer Mensch gleichsam den Konnex mit der Aussenwelt verloren hat, es ist der Philosoph Beethoven, der zu uns aus diesen Werken spricht ... und ein überirdischer Zauber dringt aus jenen Klängen des nach innerer Klarheit ringenden gigantischen Meisters.

F. P. Schubert und seine Zeitgenossen und Nachfolger in der Liedkomposition.

Franz Peter Schubert (geb. 1797 in Wien und gest. 1828 daselbst) ist der Schöpfer des modernen Liedes. Mit warmem und feinem Empfinden und unerschöpflicher Erfindungsgabe ausgestattet, besitzt Schubert einen Harmoniereichtum und eine Leichtigkeit im melodischen Fluss und eine Zartheit, wie kaum ein zweiter

Schubert hat uns in seinen Liederkreisen: „Die schöne Müllerin", „Die Winterreise", Schwanengesang", sowie in vielen andern Liedern „Erlkönig" u. s. w. unübertroffene Meisterwerke geliefert, deren Wert abgesehen von der leichten Sanglichkeit und Liebenswürdigkeit der Melodien, im Erfassen und präcisen Ausdruck des Stimmungsgehaltes ruht. Die Begleitungen der Schubertschen Lieder sind ihren Vorgängern gegenüber weit selbständiger, charakteristischer und harmonisch reicher. Weit hervorragender als man gewöhnlich annimmt, ist Schubert als Instrumentalkomponist; er ist in seinen Sonaten — wenn diese auch weniger gespielt werden — vor allen aber in seinen „Moments musicals" und „Impromptus" u. a., die bezüglich der Form Mendelssohn und Schumann Anregung zu ihren Klavier-Miniaturen gaben, hochbedeutend und in seinen vierhändigen Piecen der Liebling Aller. Nicht viel geringer darf man Schubert als Symphoniker achten, unter seinen Symphonien ragt die grosse „C-dur-Symphonie" hervor, ein riesiges, genial angelegtes Werk, während die „unvollendete H-moll" in ihrer Schönheit einzig und geradezu rührend mit ihrer herzergreifend schönen Melodik wirkt. Ganz besonders aber in seinen Streichquartetts, (dem Klavier-Quintett, den Klavier-Trios u. s. w.) ist auch Schubert noch einmal unter der Zahl der Anderen hervorzuheben, denn Quartettsätze wie z. B. jenen mit den Variationen über „Der Tod und das Mädchen" hat die Litteratur keinen zweiten aufzuweisen.

Obgleich Schubert auch ca. 20 Opern geschrieben hat, hat er dennoch als Opernkomponist nie Bedeutung erlangt. Wenn auch seine Singspiele, Opern und melodramatischen Werke viel Schönes enthalten, so fehlt ihnen die dramatische Lebensfähigkeit, während des öfteren für Konzertaufführungen unter ihnen gewählt wird.

Unter Schuberts Zeitgenossen ist als Balladenkomponist Karl Löwe (1796—1869) hervorragend: in ihrer Art schönere Balladen als z. B „Der Nöck", „Archibald Douglas", „Die Uhr" und „Heinrich der Vogler" existieren nicht! Als Nachfolger Schuberts gilt mit Recht Robert Franz (Knauth) (1815—1892), dessen poetische, feinsinnige Lieder vollendete Kunstwerke sind.

Wenn auch nicht von künstlerischem Standpunkt aus auf der Höhe stehend, sind doch die Lieder von Franz Abt (1819—1885) zum Teil Gemeingut des Volkes geworden, da ihnen teilweise leichtfassliche Melodik und Innerlichkeit (oft allerdings zu sentimental) nicht abgesprochen werden kann. Gern gesungen werden die Lieder von Adolf Jensen (1837—

1879) welche manches Wertvolle enthalten. Man könnte ihn in der Liedkomposition einen Schüler Schuberts und Schumanns nennen. Uebrigens hat Jensen auch als Klavierkomponist einen sehr guten Namen, zumal in Klavierstücken kleineren Genres zeigt er sich als feinsinniger, liebenswürdiger Lyriker.

Mit dem Namen Hugo Brückler (1845—1871) nennen wir Vielen unserer Leser einen Unbekannten, doch sei Jedem ein näheres Eingehen auf die wenigen Werke dieses leider zu früh Verstorbenen auf's angelegentlichste empfohlen, sie sind nobel empfunden und fein ausgearbeitet. Brücklers Werke sind op. 1 und 2 Lieder aus „Scheffels Trompeter von Säckingen" und die aus seinem Nachlass von Jensen veröffentlichten „Sieben Gesänge" und eine „Ballade" (von Becker veröffentlicht).

Die Romantiker.

Das Emporblühen der Romantik in der Dichtkunst blieb nicht ohne Einfluss auf die Musik, welche auch eine Zeit der Romantik, ausgehend von der Opernkomposition, welche sich an romantische Dichtungen anlehnte, zu verzeichnen hat. Der Bedeutendste unter den Romantikern und der erste derselben ist:

Carl Maria Friedrich Ernst Freiherr v. Weber (geb. 1786 zu Eutin, gest. 1826 in London); mit seiner unvergleichlichen, urdeutschen Oper „Der Freischütz" (1821) hat er sich in das Herz des deutschen Volkes hineingesungen. Gestaltungskraft, Gemütstiefe und Reichtum an Melodien, deren immer eine schöner als die andere ist, verleihen diesem Werke eine ewige Jugendfrische. „Euryanthe" (1823) und „Oberon" (1826) und die Musik zum Schauspiel „Preciosa" (1820) sind nach jenem die bedeutendsten; „Silvana", „Peter Schmoll", „Abu Hassan" sind Werke früheren Datums und die Oper „Die drei Pintos" blieb unvollendet (von Gustav Mahler beendet).

Auch Webers Bedeutung als Klavierkomponist darf nicht übersehen werden: seine Konzerte, Rondos, Variationen, eine Polonaise, Sonaten, „Die Aufforderung zum Tanze" und seine vierhändigen Piecen sind wertvolle Kompositionen, die zum

Die Romantiker

Teil eine glänzende Technik verlangen. Weber selbst war ein vorzüglicher Pianist. — Für **Orchester** schrieb Weber unter anderm weniger bekannten die „Jubel-Ouvertüre" und für sein Lieblingsinstrument, die Klarinette: Konzerte, Duos und Variationen; mehrere andere Kammermusikwerke werden seltener gehört. — Die Vokalmusik verdankt Weber neben einigen grösseren Kompositionen, welche weniger Bedeutung haben, Lieder und einige sehr schöne Männerchöre nach Körners „Leyer und Schwert", sowie Vokal-Quartette und Duette.

Heinrich Marschner (1795—1861) steht Weber mit seinem „Hans Heiling", einem hochbedeutenden Werke, am nächsten; ausser ihm sind noch „Der Vampyr" und „Templer und Jüdin" in der Jetztzeit öfter aufgeführt worden

Zwar von der romantischen Schule beeinflusst, aber zugleich Lyriker war **Louis Spohr** (1784—1859), von dessen Opern „Faust", „Jessonda" „Der Berggeist", „Die Kreuzfahrer" sich infolge mangelnder Dramatik dieser Werke nur „Jessonda" gehalten hat. Herrlich sind seine Violinkompositionen, aus deren weicher Melodik ein warmes Empfinden quillt. Da Spohr selber ein hervorragender Violinist war — er hat auch eine vorzügliche Violin-Schule geschrieben — so kommen zu den schon erwähnten Vorzügen dieser Kompositionen noch die zwar rein äusserlichen, aber nichtsdestoweniger sehr wichtigen Faktoren violinmässiger und effektvoller Satzweise.

Spohr schrieb auch neben verschiedenen Kammermusikwerken mehrere Oratorien und 9 Symphonien, sowie Konzert-Ouvertüren, Messen, Hymnen, Kantaten u. a. m.

Felix Mendelssohn-Bartholdy (geb. 1809 in Hamburg, gest. 1847 in Leipzig) steht ebenfalls unter dem Einfluss der Romantik. Mendelssohn war eine überaus reich begabte Natur, schon vom Jahre 1820 an (1818 spielte er zum ersten Male öffentlich Klavier) komponierte er fortgesetzt und mit 17 Jahren (1826) schrieb er die Ouvertüre zum Sommernachtstraum, ein Werk, wie es der reife Mann nicht mehr überbot. Neben der ausserordentlichen Leichtigkeit, mit der Mendelssohn schrieb, ist seinen Werken ein warmes Empfinden und eine bis an die Sentimentalität streifende Weichheit eigen. Seine Oratorien „Paulus" und „Elias" sind seit Haydn entschieden die bedeutendsten Schöpfungen auf diesem Gebiete; nächst ihnen sind die Symphonien und die die Konzertouvertüren zu nennen. Das Violinkonzert Mendelssohns ist eines der schönsten, welche je geschrieben sind; seine Klavierkonzerte sind Lieblinge des Publikums. Am meisten gespielt werden ausser den Caprices, Sonaten u. s. w. die „Lieder ohne Worte", mit welchen Mendelssohn reizvolle Stimmungsbilder in kleinem Rahmen schuf. Ausser einer Musik zur „Antigone" und dem „Oedipus" schuf Mendelssohn auch eine solche zur „Athalia" und dem „Sommernachtstraum" (15 Jahre später als die Ouvertüre). Die „Walpurgisnacht" für Chöre und Soli wird häufig aufgeführt, und die Lieder Mendelssohns enthalten viel Schönes. Für die Oper hat unser Meister ausser einigen Spielopern nur ein Fragment „Lorley" (nach Geibel) hinterlassen, welches von ergreifender Wirkung ist.

Einer der bedeutendsten Vertreter der romantischen Schule ist: **Robert Schumann** (geb. 1810 in Zwickau gest. 1856 bei Bonn) dessen Thätigkeit auf dem Felde der Liedkomposition zunächst eine ganz hervorragende war. Zartes Empfinden und feurige Leidenschaft gepaart sprechen aus diesen Liedern, deren Begleitung denen der Schubertschen Lieder gegenüber noch mehr in den Vordergrund tritt, als es bisher der Fall war. Schumann war übrigens, wenn auch Romantiker, doch auch Lyriker. Die Feinheit in der Struktur der Kompositionen Schumanns ist im höchsten Grade bewunderungswürdig, und besonders in seinen weniger umfangreichen Solo-Piecen für Klavier bietet uns Schumann unübertroffene Kabinettstücke, in welchen er, wie überhaupt in seinen Instrumentalkompositionen oft eine ostentative Formenfreiheit, im Vergleich zu den Alten sogar Formlosigkeit, zur Schau trägt. Die Symphonien unseres Meisters werden gar oft unterschätzt: Schumann hat uns in seiner „B-dur Symphonie" sein Bestes gegeben, wenngleich der Schreiber dieser Zeilen der Meinung ist, dass man die D-moll

Symphonie zunächst und dann C und Es-dur Symphonie ihr ruhig an die Seite stellen kann. Der „fehlende durchgehende grosse Zug", den man jenen Symphonien so oft vorwirft, scheint mir durch die Unmittelbarkeit der Wirkung der Themen, (welche, ungeachtet ihres oft abrupten Auftretens, der Grundstimmung eines Ganzen sich entweder anschliessen, sie heben, oder ihr gegenüber vorteilhaft kontrastieren), reichlich gedeckt.

Die Oratorien Schumanns: Das „Paradies und die Peri" sowie „der Rose Pilgerfahrt", enthalten unbeschreiblich Schönes, ebenso sein A-moll-Konzert für Klavier und seine Kammermusikwerke, Quartette, Quintette, Violin-Sonaten u. a. m. Schliesslich sei noch Schumann als Opernkomponist erwähnt mit „Genoveva" jenem schönen, aber für die Bühne wenig wirkungsvollen Stück und mit der Musik zu „Manfred" (von Lord Byron) sowie zu „Scenen aus Faust" (nach Göthe). Leider hört man die beiden letztgenannten Werke fast ausschliesslich im Konzertsaal.

F. Chopin

(geb. 1809 in Zelazowa-Wola bei Warschau, gest. 1849 in Paris)

Frédérie François Chopin ist einer der originellsten und bedeutendsten Meister der Klavierkomposition, welche er fast ausschliesslich kultivierte. In Form und Inhalt eigenartig, zeigen die Kompositionen dieses Meisters ein so inniges Empfinden, eine so reine Poesie und bei stets reizvoller Harmonisierung, eine nobele zu Herzen gehende Melodik ... und auf der anderen Seite blendende Technik und schwungvolle Kraft, oder liebenswürdige Grazie. Chopin ist Tondichter in des Wortes schönster Bedeutung. Unter seinen wenigen Liedern sind einige (z. B. Lithauisches Lied) populär geworden.

Die Hauptvertreter der deutschen Oper von Kreutzer bis Richard Wagner.

Konradin Kreutzer (1780—1849) hat durch sein „Nachtlager" die Zahl der lyrischen Opern um ein lebensfähiges Werk bereichert. Ausser dem „Nachtlager in Granada" schrieb er noch eine ganze Anzahl von Opern, unter denen „Konradin von Schwaben" und „Der Verschwender" dem erstgenannten an Bedeutung nahe kommen. Kreutzers Kompositionen zeigen schöne Melodik, Sanglichkeit und eine gewisse Volkstümlichkeit.

Albert Lortzing (1803—1851) nimmt unter den Singspiel-Komponisten [bezw. der komischen Oper] eine hervorragende Stellung ein. Die Heiterkeit, der unverwüstliche Humor und die Lebensfrische seiner Hauptwerke „Zar und Zimmermann", „Die beiden Schützen", „Der Waffenschmied", „Der Wildschütz", werden seinen Namen unvergänglich erhalten. Viel Schönes bietet auch Lortzings Zauberoper „Undine".

Otto Nicolai (1810—1849) war einer der Wenigen, die in der Nachfolge Lortzings Erfolg hatten. „Die lustigen Weiber von Windsor" haben ihm einen ehrenvollen Platz unter der Meistern der komischen Oper gesichert.

Friedrich v. Flotow (1812—1883) hat mit seinen Opern „Stradella" und „Martha" sich das Herz des grossen Publikums gewonnen. Die Musik ist schlicht und graziös, doch leicht wertig vom künstlerischen Standpunkte aus

Richard Wagner.

Richard Wagner (geb. 1813 in Leipzig, gest. 1883 in Venedig) nimmt eine Sonderstellung ein, denn sein Schaffen war ein reformatorisches. Abgesehen von zwei Jugendwerken des Meisters, war seine erste Oper, die sich allerdings noch nicht von der landläufigen Form der „Grossen Oper" à la Meyerbeer emancipierte, „Rienzi", welche in Dresden (1842) aufgeführt wurde und enormen Beifall fand. Von einem wesentlich andern Standpunkt aus muss jedoch schon sein zweites Bühnenwerk „Der fliegende Holländer" aufgefasst werden. Zwar sind die Formen von Arie und Chor noch nicht umgestossen, doch ist dem Recitativ schon ein wesentlicher Anteil am Ganzen eingeräumt, vor allen Dingen jedoch tritt das „Leitmotiv" auf. Mit „Leitmotiven" bezeichnet man Motive oder Phrasen, welche, sei es mehr rhythmisch, sei es melodisch, Personen und Handlungen charakterisierend, immer dann auftreten, wenn jene Person oder Handlung (bezw. Handlungsweise) von Wichtigkeit sind, indem sie dem Zuschauer auf der Bühne sichtbar werden, oder wenn der innere Zusammenhang einen Hinweis auf die betreffenden fordert. So werden die Leitmotive zu einem Faktor, welcher nicht unwesentlich zur Abrundung und Einheitlichkeit des äusseren und inneren Ganzen beiträgt, und schliessen sich gleichsam zu einem Reifen zusammen, welcher mit bestimmt ist, das Kunstwerk zusammen zu halten.

Der „Tannhäuser", aus welchem weniger der „Neuerer" als der geniale Meister in Form und Inhalt, der gewaltige Dramatiker spricht, ging 1845 gleich den vorangegangenen Werken in Dresden in Scene und bedeutete für Wagner einen Misserfolg in derselben Weise, wie es ihm mit dem „Fliegenden Holländer" gegangen war. Das Publikum war nicht fähig, das Kunstwerk voll zu erfassen, und das lag an Wagners gewagten Harmoniefolgen, dem Reichtum an Dissonanzen und endlich an den vermiedenen „Ganzschlüssen" (siehe Allgem. Musikgesch.), indem aus dem Schluss einer Melodie die nächstfolgende gleichsam herauswächst. Alles dieses im Verein mit der neuen Behandlung des Orchesters, welches glänzend instrumentiert, selbständiger auftrat, als man es gewohnt war, verblüffte die Zuhörer. Das Jahr 1850 brachte durch Liszts Bemühungen in Weimar eine Aufführung des „Lohengrin." Diese Oper ist wieder im Sinne von Wagners Vorgängern melodiöser, wenn in ihr auch das Leitmotiv wieder bedeutungsvoller wird. Die politischen Unruhen des Jahres 1848 zogen auch Richard Wagner mit in ihre Kreise und er musste, nachdem er sich an dem Maiaufstand (1849) beteiligt hatte, das Vaterland verlassen. In Paris, wohin er sich zuerst wandte, hielt es ihn nicht lange. In Zürich schlug er für längere Zeit (bis 1855) sein Heim auf und schrieb hier eine Reihe bedeutender Kunstaufsätze. In Paris, wohin er sich 1860 begeben hatte, um den auf Befehl Napoleons gegebenen „Tannhäuser" einzustudieren, welcher jedoch infolge heftigen Protestes nach der dritten Vorstellung zurückgezogen werden musste, schrieb er die Broschüre über die „Zukunftsmusik." 1860 wurde Wagner amnestiert und seine 1859 beendete „Handlung" in drei Aufzügen „Tristan und Isolde" ging in München 1865 über die Bretter. Dieses Werk bezeichnet den Beginn der dritten und Hauptperiode in des Meisters Schaffen. Der Ensemblesatz ist bis auf wenige Fälle umgangen, das Recitativ löst sich, ohne seinen engen Anschluss an die Sprache zu verlieren, in eine fortlaufende Melodie auf und der Schwerpunkt der Themenbildung wird in das Orchester verlegt. Musik, Darstellung durch dramatische Kunst und Inscenirung sowie Poesie vereinigen sich gleichwertig zu einem einheitlichen Kunstwerk als integrierende Faktoren. Die „Meistersinger von Nürnberg", 1867 beendet, kam 1868 in München zur Aufführung. Im Jahre 1864 hatte der König von Bayern, der kunstsinnige Ludwig II., Wagner an sich gezogen und unterstützte ihn aufs freigebigste, erst in München und dann in Triebschen bei Luzern, wo er die „Meistersinger" vollendete. 1869 kam das Vorspiel der Nibelungen-Tetralogie „Rheingold" (1853—54 komponiert) und 1870 die „Walküre" (1856 beendet) in München zur Aufführung [der zweite Teil der Tetralogie]. Der dritte und vierte Teil dieses Riesenwerkes: „Der Ring des Nibelungen" wurde in dem eigens für die Verwirklichung von Wagners Kunstziel nach seinen Angaben in Bayreuth erbauten „Wagner-Theater" im Verein mit dem ersten und zweiten Teil im August 1876 aufgeführt: „Siegfried" (1869 beendet) und „Götterdämmerung" (1874 beendet). Den Schlussstein seines Schaffens legte der greise Komponist mit seinem herrlichen „Parsifal" (1882 vollendet), welcher ohne den aufgestellten Prinzipien untreu zu werden, dennoch dem rein Musikalischen wiederum kleine Konzessionen macht. [1882 zu Bayreuth, welches das Monopol der Aufführung hat, zum ersten Mal zu Gehör gebracht].

Viel ist für und Viel gegen Wagner in Schrift und Wort von berufener und unberufener Seite gesagt worden, und mehr als unsere kurze Skizze verraten konnte, hat der Komponist für seine Ansicht und seine Werke mit eiserner Energie kämpfen müssen, ehe er durchdrang. Ueber die hervorragende Bedeutung Wagners sind die Meinungen heutzutage ungeteilt, über die Berechtigung dieser oder jener Eigentümlichkeit des Wagnerschen Kunstwerks lässt sich streiten; nur möchten wir davor warnen, das Kunstschaffen Wagners nach dem oberflächlichen Eindruck einer Einzelaufführung oder gar Konzertaufführung (aus den Musikdramen herausgerissen) zu beurteilen, oder nach dem Massstab anderer „Opern" zu messen. — Wagner schuf eben das „Musikdrama", und dieses will nach den von ihm dafür zu Grunde gelegten Prinzipien, die wir der Hauptsache nach klarlegten, beurteilt sein: das aber erfordert vor allen Dingen ein liebevolles Eindringen des Hörers in das ihm Neue ohne jedes Vorurteil.

Das Schaffen Richard Wagners ist als Gipfelpunkt der Kunstrichtung anzusehen, welche durch die Namen Caccini — Claudio di Monteverde — Gluck — (Marschner) Wagner gekennzeichnet wird.

Die Dramatische Musik von R. Wagner bis auf die Jetztzeit.

Die Periode des nun folgenden Kunstschaffens ist abgesehen von denjenigen, welche sich als ausgesprochene Gegner Wagners dokumentieren, mehr oder minder von ihm beeinflusst.

Neben den für die Oper weniger bedeutenden Namen von F. Hiller, Reinthaler, Reineke, (Siehe folgendes Kapitel) deren Werke sich nicht hielten, sei F. v Holstein (1826—1878) mit seiner Oper der „Haideschacht" genannt; auch Joachim Raffs Bedeutung liegt auf anderm Felde, **Peter Cornelius** (1824—1874) hingegen hat in seinem „Barbier von Bagdad" ein musikalisch hochinteressantes und schönes Werk geliefert. An Wagner sich entschieden anlehnend muss **Karl Goldmark** (1830*) erwähnt werden, welcher mit „Königin von Saba" und „Merlin" grosse Erfolge zu verzeichnen hat; die Instrumentation Goldmarks ist eine glänzende, fast überreiche. (Siehe auch Programm-Musik Seite 90). **Eduard Lassen** (1830*) hat der Bühnenmusik Wertvolles in seiner „Faustmusik" gegeben. **Hermann Götz** (1840—1876) ist ein äusserst begabter, feinfühliger Komponist. Die einzige vollendete Oper, (Francesca Rimini ist Fragment) welche der leider zu früh Verstorbene schuf, „Der Widerspänstigen Zähmung", gehört zu dem Besten, was die letzten Jahre auf dem Gebiet der Opernkomposition brachten. **Ignaz Brüll** (1846*) hat sich mit der Oper: „Das goldene Kreuz" einen Namen gemacht, unter seinen andern Opern hat „das steinerne Herz" Erfolge errungen, die durch liebenswürdige, leichtfassliche Melodik bedingt sind.

Edmund Kretschmer (1830*) ist bekannt und geachtet als Komponist der „Folkunger" und der Opern „Heinrich der Löwe" und „Schön Rohtraut" von denen das erste der drei genannten am dankbarsten ist. Victor Nessler (1841*) hat einen enormen Erfolg mit der Oper „Der Trompeter von Säkkingen" gehabt, sie ist weniger musikalisch bedeutend, als ansprechend.

Die Operette hat in Franz von Suppé (1820*) [„Fatiniza", „Die schöne Galathea", „Boccaccio" u. a.], Richard Genée (1823*) [„Nanon"], K. Millöcker (1842*) „Bettelstudent", „Arme Jonathan", „Gasparone" und besonders in Joh. Strauss (geb. 1825) mit seiner köstlichen „Fledermaus" und mit „Der lustige Krieg" „Zigeunerbaron" u. s. w. treffliche Interpreten gefunden. (Siehe Oper in Frankreich Seite 63).

Engelbert Humperdinck (1854*) gewann 1893 mit seinem entzückenden Märchenspiel „Hänsel und Gretel" alle Herzen für sich. Im Prinzip unverkennbar sich an Wagner anlehnend, zeigt sich Humperdinck als feinsinniger, origineller Komponist, der seinen Gestalten Leben einzuhauchen versteht und für das Naive wie für das Lyrische neben dem Dramatischen den richtigen Ton zu finden weiss.

Wagner und seine Nachfolger

Meister der Instrumental- und Vokal-Musik von R. Wagner bis auf die Jetztzeit.

Als an Mendelssohn sich anlehnend müssen wir zunächst Niels W. **Gade** (1817—1890) nennen, welcher zahlreiche Werke für Klavier, Orchesterkompositionen, herrliche Kammermusikwerke, Lieder für gemischten Chor und Männerchöre, sowie eine Kantate „Erlkönigs Tochter", eine sehr schöne Komposition, und Anderes mehr schuf. Gade vertritt die nordische Musik und im Anschluss an ihn ist E. Hartmann (1836*) mit Symphonien und der Konzert-Ouvertüre: „Nordische Heerfahrt" zu nennen. Ebenfalls Nordländer ist Edward Hagerup **Grieg** (1843*), dessen eigenartig schöne Orchester Suite „Aus Holbergs Zeit" und seine Musik zu „Peer Gynt" sehr beachtenswert sind. Voller Poesie sind viele von Griegs Klavier-Piecen, sowie seine Violin-Sonaten und seine Cello-Sonate. Ausser einigen Chorwerken mit Orchester dürfen die Lieder Griegs nicht unerwähnt bleiben. Grieg stellte sich in einen gewissen Gegensatz zu Mendelssohns und Gades Musik, indem er jene als zu weichlich verwirft; in manchen von Griegs Kompositionen tritt infolgedessen eine etwas erzwungene Originalität hervor.

Ferdinand Hiller (1811—1885) komponierte Opern, Symphonien, Vokal- und Orchester-Werke verschiedenster Art und ist als Musikschriftsteller nicht unbedeutend gewesen.

Max Bruch (1838*) ist ein Schüler von Ferd. Hiller, seine Symphonien, Violinkonzerte und Klavierkompositionen u. s. w. sind beachtenswert. Bruchs Domäne ist jedoch die Chorkompositionen: „Odysseus", „Die Glocke", „Schöne Ellen" „Frithjof", „Das Feuerkreuz", „Lorley" u. a. m. Auch auf Bruch ist Mendelssohns Einfluss unverkennbar.

Friedr. Robert Volkmann (1815—1883) lehnt sich in seinem Schaffen an Robert Schumann an, ohne darum an eigener Individualität zu verlieren, seine Kompositionen sind vorzüglich gearbeitet und ein lebensfroher, kräftiger Zug belebt seine Schöpfungen. Ausser zahlreicher Komposition für

Solo-Klavier und Kammermusik Ensemble, sowie für Vokalmusik, sind vor allen Dingen Volkmanns zwei Symphonien und seine Serenaden für Streichorchester hervorzuheben.

Steffen Heller (1813—1888) zeigt sich in seinen Klavierkompositionen, meist Kompositionen geringeren Umfangs, (Charakterstücke und Studien, Sonaten, Nocturnes u. s. w.) als Meister kleinerer Kompositionsformen, dem es weder an Gediegenheit und Originalität noch an liebenswürdiger Eleganz und Grazie fehlt. Steffen Hellers Werke sind Vortragsstücke in des Wortes schönster Bedeutung.

Adolf Henselt (1814—1889) gleich Heller ein ausgezeichneter Pianist, hat brillante Salonstücke, Konzertparaphrasen u. a. m. geschrieben und hat sich besonders durch seine Konzert-Etuden einen guten Namen gemacht.

K. M. Reinthaler (1822*) ist bekannt durch sein Oratorium „Jephta."

Carl Reinecke (1824*) veröffentlichte Opern [unter ihnen „Der vierjährige Posten" und „König Manfred"], Symphonien, eine Anzahl gediegener Klavierkompositionen, Märchendichtungen für Chor, Soli und Klavierbegleitung, grössere Vokalkompositionen, sowie Kammermusik - Ensembles: alles Werke, die ihn als tüchtigen Musiker kennzeichnen. R. ist auch ein trefflicher Pianist und Pädagoge.

Theodor Kirchner (1823*) hat in ähnlicher Weise wie Heller und Schumann das Genre der Miniaturen gepflegt und darin ausgezeichnetes geleistet. Kirchner zeigt sich in ihnen wie in den Liedtransskriptionen (von Jensen und Brahms) als eine stets eigenartige, nobel empfindende Künstlernatur.

Moritz Moszkowski (geb. 1854) hat durch ansprechende Klavierkompositionen besonders aber durch eine gediegen gearbeitete Orchester-Suite (F-dur op. 39) sich viele Freunde erworben.

Franz **Liszt** (1811—1886) dessen Orchesterkompositionen wir noch in dem Abschnitt über Programm-Musik (Seite 89) gedenken werden, der Begründer unserer modernen Virtuosentechnik, hat ausser den „Symphonischen Dichtungen" für Orchester eine ganze Reihe von grösseren Vokalwerken und Klavierkompositionen geschrieben, unter denen die Transskriptionen und Paraphrasen, sowie die Etuden, besonders aber seine „Ungarischen Rhapsodien", oft und gern gehört werden.

Hans von **Bülow** (1830—1894), welcher verschiedene Lieder, Klavier- und Orchester-Werke herausgab, war als Klavierspieler wohl der bedeutendste Interpretator klassischer Kompositionen und hat in dieser Eigenschaft sowohl, als auch in der eines Orchester-Dirigenten allerersten Ranges sich grosse Verdienste um die Verbreitung und richtige Auffassung der Meisterwerke alter und neuer Zeit erworben.

Anton **Rubinstein** (1830—1894), der als Klavierspieler in den Bahnen Liszts wandelte und als Virtuose hochbedeutend war, hat zugleich — als Opernkomponist wurde er schon erwähnt — eine Unzahl Kompositionen fast jeder Gattung geschaffen. Unter seinen Symphonien ist die Ocean-Symphonie wohl die bedeutendste. Klavierpiecen, Etuden, Kammermusik verschiedensten Genres, besonders aber die Lieder Rubinsteins enthalten Werthvolles.

Anton Dvorak (1841*) hat als national Böhmischer Tonsetzer Erfolge zu verzeichnen.

Johannes **Brahms** (1833* in Altona) ist endlich unstreitig der Bedeutendste unserer lebenden Meister. Brahms beherrscht die Skala der Empfindungen ebenso wie die Formen, er ist ein tieffühlender, ernster Komponist, doch nicht Jedem kommt er entgegen, er will aufgesucht, mitempfunden sein, was den Laien, infolge der oft komplizierten Schreibweise des Meisters, vielfach erschwert wird. Die Symphonien von Brahms sind in jeder Beziehung Kunstwerke von höchster Bedeutung. Mit dem „Deutschen Requiem", dem „Schicksalslied", „Triumphlied", den „Deutschen Fest- und Gedenksprüchen", der „Rhapsodie mit Altsolo" hat Brahms unvergängliche Werke geschaffen, und neben vielen Andern desselben Komponisten, sind die Lieder, sein herrliches Violinkonzert und seine Violinsonaten, Werke von grösstem Wert.

Wir wollen diesen Abschnitt mit einem Hinblick auf

Die Programm-Musik

schliessen, deren Anhänger unter den Komponisten hervorragendes geleistet haben und noch leisten.

Unter Programmmusik versteht man eine Musik, welche vom Tonsetzer mit dem Bestreben niedergeschrieben wurde, die Fantasie des Hörers in einer bestimmten Richtung derartig anzuregen, dass dieser in Anknüpfung an die Tondichtung mit seinem geistigen Auge die Darstellung eines (seelischen oder körperlichen) Vorgangs erblickt. Um den Hörer zu beeinflussen versieht der Komponist die Musik mit einer entsprechenden Ueberschrift (Namen) oder sucht der Mehrdeutigkeit der Komposition dadurch entgegen zu arbeiten, dass er ihr ein Motto oder den dichterischen Vorwurf in Worten [gleichsam ein Programm des zu Erwartenden für das Publikum] beifügt.

Den Prinzipien einer solchen Kompositionsweise ist zum Teil ohne, zum Teil mit guten Gründen widerstritten worden. Eine der geistreichsten Schriften gegen das Darstellungsvermögen der Musik ist Ed. Hansliks „Vom musikalisch Schönen."

Die Programm-Musik ist schon sehr alt, so finden wir z. B. bei einem Schüler Josquins, bei Clément Jannequin (um die Mitte des XVI. Jahrhunderts) Kompositionen mit den Ueberschriften: „La bataille", „La guerre", „Le caquet des femmes", „Le chant des oiseaux", „Le rossignol", „La chasse de lièvre" und Anderes, und bei dem Niederländer M. Hermann (um dieselbe Zeit wie Jannequin) ein Werk als „Battaglia Taliona" (Die Schlacht bei Pavia) bezeichnet.

Unter den Programm-Musikern seien hervorgehoben: Hector **Berlioz** (1803—1869) ein genialer Komponist und Meister der Instrumentation, welcher bis zur Bizarrheit seine Musik illustrieren lässt; seine Symphonien: „Harald in Italien", „Romeo und Julie" und seine dramatische Legende „Fausts Verdammnis", sowie die biblische Trilogie „die Kindheit Christi"

Die Programm-Musik

und im besonderen „Episode de la vie d'un Artiste" bestehend aus „Sinfonie fantastique" und „Lelio monodrame lyrique" sind höchst originelle Werke, die für Künstler und Laien vielleicht nicht einen immer ungetrübten Genuss, aber sehr viel Interessantes bieten. Berlioz ist Verfasser einer vorzüglichen Instrumentationslehre.

Franz **Liszt** (1811—1886) hat sich als Vertreter der Programm-Musik mit seinen symphonischen Dichtungen dokumentiert: „Dante" (Symphonie) „Faustsymphonie", „Les Préludes", „Ce qu'on entend sur la montagne", „Tasso, lamento e trionfo" „Prometheus" u. s. w. Kompositionen von grossartiger Konzeption und unleugbarem Wert — mag man über Einzelnes in ihnen denken, wie man will.

Auch Joachim **Raff** 1822—1882 einer der bedeutendsten neueren Komponisten, gehört in gewissem Sinne unter die Programm-Musiker, wofür seine Symphonien „Im Walde" „Leonore", „Frühlingsklänge", „In den Alpen", „Gelebt, Gestrebt; gelitten, gestritten; gestorben, umworben" und andere Zeugnis ablegen. Mit vielen Werken hat Raff die Kammermusik bereichert. Neben sehr vielen Solo-Klavierkompositionen von recht ungleichem Wert — neben Bedeutendem sehr leichtwertiges — schrieb Raff auch eine Anzahl Lieder, Männerquartette und Chöre und vieles Andere. Die Zahl seiner Werke übersteigt die Opuszahl 200.

Saint-**Saëns** (1835*) ist ebenfalls Programm-Musiker. Auch er hat sich mit symphonischen Dichtungen bekannt gemacht. „Phaëton", „Le rouet d'Omphale", „La jeunesse d'Hercule", besonders „Danse Macabre" (Todtentanz) hat als höchst originelle, charakteristische Komposition eine allgemeine Verbreitung gefunden. Auf dem Gebiete des Oratoriums hat er sich ausserdem mit dem „Poëme biblique: Le déluge (Die Sündflut) und einem Weihnachts-Oratorium einen ehrenvollen Platz erworben, (Siehe auch Oper in Frankreich Seite 63), auch die Violin-, Cello- und Klavierlitteratur hat er mit Konzerten bedacht.

Musikgeschichte

C. Goldmark (1830*) hat in seiner Symphonie „Ländliche Hochzeit" (seine übrigen Werke Siehe Seite 83). H. Hofmann (1842*) mit der „Frithjof-Symphonie" und mit „Im Schlosshofe". H. Huber (1852*)und Richard Strauss (1864) in seinen Arbeiten: „Aus Italien", „Don Juan", „Tod und Verklärung", „Macbeth" sich der gedachten Richtung angeschlossen. Strauss ist ein sehr begabter, phantasiereicher Tonsetzer, dessen Schreibweise sich vermutlich noch abklären wird; er schrieb auch eine Anzahl recht schöner Lieder, Kammermusikwerke und Symphonien.

III.
Die Elemente der praktischen u. theoretischen Musik.

A. Allgemeine Musiklehre.

Kapitel 1.

Ton. — **Einteilung der Töne.** — **Intervalle.** — **Ober- und Untertonreihe als Begründung für Dur und Moll.** — **Accorde.** — **Dreiklänge.** — **Melodie.** — **Harmonie.** — **Stimmen.**

Werden in lufterfüllten Räumen Körper in Schwingungen versetzt, so entstehen Gehöreindrücke, welche man **Schall** nennt. Vollziehen sich die Schwingungen, in unregelmässiger Weise, so ist der entstandene Schall ein **Geräusch**, sind die Schwingungen in bestimmten Zeitabständen regelmässig wiederkehrende, so bezeichnet man den Eindruck als **Klang**.

In der Musik haben wir es nur mit Klängen zu thun. Was man gewöhnlich einen **Ton** nennt d. h.: einen seiner Höhe nach gleichbleibenden und messbaren, von andern unterscheidbaren Klang, erweisst sich fast ausnahmslos als das Resultat des Zusammenwirkens mehrerer einfacher Töne, welche dadurch entstehen, dass kleinere Teile des Schallerzeugers, z. B. einer Saite oder der Luftmasse im Inneren eines Blasinstrumentes, selbständig schwingen. Unser Ohr empfindet jedoch diese den Klang zusammensetzenden **Partial-, Teil-** oder **Obertöne** nicht einzeln, sondern nur den sogenannten **Grundton**: den ersten in der Reihe der den Klang zusammensetzenden einfachen Töne, welcher sich den andern Tönen gegenüber hervorhebt. *Obertöne*

Die **Höhe** eines Tones wird durch die Anzahl der Schwingungen bedingt, welche ein Schallerzeuger in einem gewissen

Allgemeine Musiklehre

Zeitraum ausführt. Das kleine c macht z. B. 128 Schwingungen per Sekunde, seine tiefere Oktave, das grosse C 64 Schwingungen.

Die in der praktischen Musik verwertbaren Töne teilt man ein in **Stammtöne** c d e f g a h und **abgeleitete Töne**, d. h. solche, welche durch Erhöhung mittelst ♯ (Kreuz) und ✕ (Doppelkreuz) oder Erniedrigung durch ♭ (B) und ♭♭ (Doppel B) jener Stammtöne entstehen. Zur Orientierung in dieser grossen Anzahl von Tönen, deren Namen oft wiederkehren, obgleich die thatsächliche Höhe der Töne mit demselben Namen eine verschiedene sein kann, hat man die Noten unseres Tonsystems in verschiedene Oktaven eingeteilt, d. h. in Abschnitte, welche den Umfang der Töne von einem bis zu dem nächst niedrigeren oder höheren (um 8 Ganztöne von ihm entfernten) Ton desselben Namens umfassen, und zwar geht man bei dieser allgemeinen Einteilung von der Note c aus. Jedes c unseres Tonsystems erhält einen Namen, welcher dann auch für die sich auf dieses aufbauende Tonreihe bis zum nächsten C massgebend ist.

Oktaven

Stammtöne, Oktaven, Intervall

Den Zwischenraum zwischen zwei Tönen unseres Tonsystems nennt man **Intervall** (intervallum = Zwischenraum). Intervall

Nachstehend folgen die Namen der Intervalle von c aus gedacht

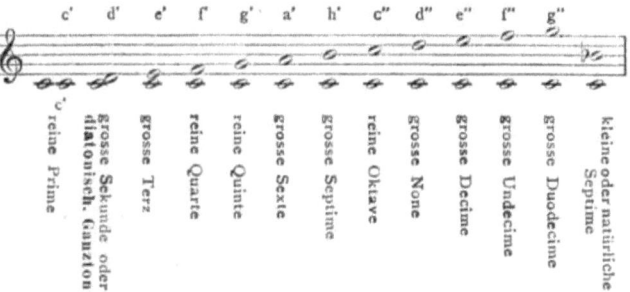

Wobei zu bemerken, dass

Reine[1]) u. **grosse Intervalle** um einen chromat.[2]) Halbton **erhöht**:

					übermässige
grosse	„	„	„	„	„ **erniedrigt: kleine,**
reine und kleine	„	„	„	„	„ **erniedrigt:**
					verminderte

genannt werden.

---

[1]) Prime, Oktave, Quarte, Quinte sind von Alters her (Pythagoras) als sog. vollkommene Konsonanzen aufgefasst worden, da die **geringste Unreinheit** dieser Intervalle sie zu dissonanten Intervallen macht, deshalb **reine Intervalle**. Erst später erkannte man Terz und Sexte als konsonante Intervalle, die jedoch auch konsonant bleiben, **wenn man sie wenig kleiner oder grösser macht.** Deshalb **grosse, kleine.** Ebenso die Dissonanzen, welche Dissonanzen bleiben, ob gross ob klein.

[2]) Man unterscheidet diatonische und chromatische Halbtonschritte. Jeder der Stammtöne bildet mit seinem durch ein ♯ oder ♭ einfach **erhöhten** Ton derselben Stufe (c — cis, c — ces, a — ais, a — as) oder jeder einfach erhöhte und erniedrigte mit dem doppelt erhöht oder erniedrigten Ton derselben Stammtonstufe (cis — cisis, ces — ceses; ais — aisis, as — ases) u. s. w. das Intervall eines **chromatischen** Halbtons. Halbtonschritte hingegen, deren Töne nicht von demselben Stammton abgeleitet sind, bilden einen **diatonischen** Halbtonschritt (e — f, h — c, a — b, c — des, g — as u. s. w.).

Eine Manipulation, die man mit den Intervallen vornehmen kann, sei hier erwähnt: Man kann ein Intervall durch sogenannte **Umkehrung**, indem man seinen unteren Ton eine Oktave höher oder seinen oberen eine Oktave tiefer setzt, in ein anderes verwandeln und zwar wird

aus einer Prime	= Oktave,	und umgekehrt	
Sekunde	= Septime,	aus einer Quinte	= Quarte,
Terz	= Sexte,	Sexte	= Terz,
Quarte	= Quinte,	Septime	= Sekunde
		Oktave	= Prime.

zum Beispiel:

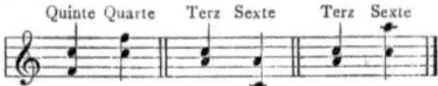

Bei derartigen Umkehrungen
  bleiben reine Intervalle rein,
    kleine Intervalle werden gross,
      grosse   „   „   klein,
      verminderte „   „   übermässig,
      übermässige „   „   vermindert.

Unser heutiges Musiksystem ist (siehe p. 111) ein **diatonisches** d. h. es bevorzugt die Folge von Ganztönen (grossen Sekunden oder sog. diatonischen Ganztönen). Verkörpert findet sich das moderne System in den **Tonleitern**: der diatonischen **Dur-** und **Moll**-Tonleiter.

Ton-
leiter

Der wichtigste Ton einer Tonleiter ist der, welcher sie beginnt, schliesst und ihr den Namen verleiht. — c d e f g a h c nennen wir z. B. die C-dur-Tonleiter.

Um zeigen zu können, dass die Elemente einer Tonleiter keine beliebigen, sondern von der Natur selbst gegebene sind, wollen wir das vorher angedeutete Phänomen der Obertöne, welche man auch „Tonreihe der Naturskala" nennt, näher betrachten:

Angenommen eine Saite von einer gewissen Länge lässt, in Schwingungen versetzt, den Ton C der grossen Oktave

Umkehrung, Tonleiter, Grundton

hören, so klingen, wenn auch dem Ohr ohne Hülfsmittel nicht alle hörbar,[1]) nachweisslich folgende Töne mit:

Gelegentlich der Besprechung der Blasinstrumente (Horn, Trompete u. s. w.), welche ohne Hülfsmechanismen nur diese Reihe von Tönen hervorzubringen im Stande sind, kommen wir auf die Naturskala noch einmal zurück und bemerken zunächst zu dieser Tonreihe, dass der **Grundton** C ein willkürlich angenommener ist und durch jeden andern ersetzt werden könnte. [Nach Massgabe der in jener Reihe bedingten Intervallverhältnisse verschieben sich dann sämtliche Töne um dasselbe Intervall, um welches irgend ein anderer beliebiger Grundton von diesem C entfernt ist]. Die Sternchen an einigen Zahlen sollen andeuten, dass unsere Notenschrift, welche nur über $12/_2$ Töne innerhalb einer Oktave verfügt, nicht im Stande ist, mit vollkommener Genauigkeit die Tonhöhe des 7., 11., 13. und 14. Obertons aufzuzeichnen. Diese Töne sind tiefer als sie geschrieben stehen, aber dennoch zu hoch, um tiefer notiert werden zu können: sie existieren in unserem Notensystem nicht.

Ton 1, 2, 3, 5, 7, 11, 13 nennt man **primäre** Obertöne, die andern **secundäre** [Produkte jener].

Die Beziehungen dieser Obertonreihe zu ihrem Grundton lassen sich mathematisch-physikalisch durch Zahlenverhältnisse ausdrücken. Um Ton 2 zu erhalten, muss ein Tonerreger 2mal so viel Schwingungen machen als nötig sind, um Ton 1 zu erzeugen; oder in derselben Zeit, in der Ton 2 zweimal so viel Schwingungen macht wie sein Grundton, macht Ton 3 dreimal

---

[1]) Wenn man z. B. das tiefe C auf dem Klavier anschlägt und das Pedal niedertritt, so kann man, wenn es rings herum ruhig genug ist, mehrere jener Töne nach einander hervortreten hören.

Allgemeine Musiklehre

so viel u. s. w. In Zahlen ausgedrückt hiesse das: C der grossen Oktave verhält sich zu dem c der kleinen Oktave wie 1:2. Oder das zweite Beispiel: klein c verhält sich zu klein e wie 2:3 u. s. w.

Je einfacher die Beziehungen zwischen zwei Grössen sind, um so unmittelbarer und schneller werden sie erfasst, wenn dieses Trägheitsgesetz des Hör- und Denkvermögens uns auch nicht direkt zu Bewusstsein kommt. Aus diesem Grunde stutzt das Ohr beim Erfassen des 7. Obertons, des 11., 13., 14. u. s. w. und leugnet kurzweg jede direkte Beziehung zum Grundton, weil es nachgewiesenermassen erst andere Vermittlungstöne nötig hat, um an diesen erst eine Verbindung mit dem Grundton herzustellen. Ton 8, 9, 10, 12, 16 sind kompliziertere sekundäre Töne bezw. Wiederholungen der primären Töne in höherer Lage. So drängen sich uns dann zu näherer Untersuchung Ton 1, 2, 3, 4, 5, 6 auf. Scheiden wir die doppelt vertretenen (zwei c und ein e) aus, so bleiben uns die Töne c, e, g, diese bilden Accord einen **Accord**, d. h. einen Zusammenklang mehrerer Töne, und zwar nennt man diesen Accord den **C-dur-Dreiklang** und sieht in ihm den wichtigsten Accord der C-dur-Tonleiter. Der C-dur-Dreiklang besteht aus **Prime, grosser Terz** und **reiner Quinte**, wobei die Prime der Ton ist, von dem aus die andern Intervalle abgemessen werden. Dieser Dreiklang heisst, wenn er Tonika auf dem ersten Ton, der sogenannten **Tonika**, einer Tonart aufgebaut ist, auch kurzweg **Accord der Tonika**.

In derselben Weise wie für den Dur-Dreiklang [er hat seinen Namen vom lateinischen durus = hart, weil die grosse Terz ihm, dem Moll-Dreiklang — vom lateinischen mollis = weich — gegenüber eine gewisse Härte verleiht] können wir auch eine von der Natur uns an die Hand gegebene Bildung eines **Moll-Dreiklangs** konstatieren, indem wir uns eine **Untertonreihe** konstruieren.

Praktisch ausgeführt können wir uns eine Saite denken, die den Ton 1 als **höchsten** in der Reihe hören lässt; verdoppeln wir die Länge der Saite, so ertönt Ton 2, verdreifachen

Accord, Tonica, Dur und Moll

wir sie: Ton 3 u. s. w. Wenn wir nun auch hier nur unter den ersten sechs primären Tönen unter denselben Bedingungen wie oben wählen, so bleiben uns die Töne f, as, c, mithin eines **Moll-Accordes.**

In dieser Tonreihe sind Ton 7, 11, 13, 14 höher als notierbar bezw. zu tief, um höher aufgezeichnet werden zu können.

<small>Die Benennung der Dreiklänge erfolgt gewöhnlich nach ihrem **Grundton**, d. h. nach dem am tiefsten liegenden Ton, dem Hauptton derjenigen Tonleiter, dessen Haupt[Tonika]-Accord der betreffende Dreiklang ist. So ist der C-dur Accord Vertreter der C-dur-Tonleiter, der F-moll-Dreiklang der der F-moll-Tonleiter. Der Konstruktion nach kann man den einen **C-Oberklang**, den andern **C-Unterklang** nennen.</small>

Den geistvollen Untersuchungen A. v. Öttingens auf dem Gebiet der Physik und Musiktheorie, welcher auf den Schultern Moritz Hauptmanns (1792—1868) und Helmholtz (1821—1894) stehend die Forschungen beider vereinte, ist es gelungen, für den Ausbau einer modernen Harmonielehre einen Grund gelegt zu haben, auf dem Verschiedene, besonders aber Dr. Hugo Riemann aufgebaut haben.

Die wichtigsten Punkte der modernen Harmonielehre sind folgende:

I. **Dur ist das Spiegelbild von Moll, mithin ein Gegensätzliches von Moll.**

II. **Es giebt nur drei direkt verständliche Intervalle: Oktav, grosse Terz und reine Quinte.**

Den Beweis ad 2 müssen wir aus dem Vorausgegangenen der Hauptsache nach als erbracht betrachten, indem uns die Natur selbst unter den primären Tönen ihrer Ober- und Untertonreihe eine Auswahl an die Hand gab, welche den leichtest verständlichen und wichtigsten Accord des Dur- wie Moll-Geschlechtes aus ihrem Material aufzubauen gestattet [wie ja auch die Schwingungszahlen-Verhältnisse beweisen, welche, je

Allgemeine Musiklehre

einfacher sie sind, desto leichter — wenn auch unbewusst — vom Ohre erfasst und darum leichter verständlich genannt werden].

Nummer I ist in folgender Weise leicht zu erläutern:

Die Intervalle, aus denen eine Dur-Tonleiter besteht, sind in ihrem Verlauf von Ton zu Ton ganze (1) und halbe $^1/_2$ Töne: von dem eingestrichenen c' aus

Dur $\quad$ 1 1 $^1/_2$ 1 1 1 $^1/_2$
$\quad\quad$ c' d' e' f' g' a" h' c"

bis zum zweigestrichenen c" in der Richtung einer Obertonreihe von unten nach oben aufgebaut, [d ist **Ober**sekunde, e = Oberterz u. s. w.]

Die Intervalle einer Molltonleiter sind von dem eingestrichenen c' aus bis zum kleinen

Moll $\quad$ c' b as g f es des c
$\quad\quad$ 1 1 $^1/_2$ 1 1 1 $^1/_2$

c in der Richtung der Untertonreihe von **oben nach unten** abgemessen. [b ist **Unter**sekunde, as = Unterterz u. s. w.]

Wenn wir nun daran festhalten, dass aus einer **Obertonreihe** von einem c der C-dur-Accord entspringt und aus einer **Untertonreihe** von c ein F-moll-Accord, so ist **c** in beiden Fällen der wichtigste Ton: die **Prime**, d. h. der Ton, von dem aus die andern Intervalle abgemessen werden. Stellen wir von c aus eine **Tonleiter** zusammen, d. h. verbinden wir mit melodischen Durchgangstönen das Gerippe des sie repräsentierenden Dreiklangs, so erhalten wir für Dur und für Moll ganz dieselben Verhältnisse.

In entgegengesetzter Richtung sich entwickelnd bestehen **beide** Dreiklänge aus Prime grosser Terz und reiner Quinte in Dur von der Prime aus von unten nach oben, in Moll von der Prime aus von oben nach unten abgemessen.

Tonart $\quad\quad$ Dur $\quad$ Moll

Wenn diese beiden Accorde wichtig für ihre Tonleitern sind, so sind sie es auch für die **Tonart**. Tonleiter und Tonart kann man nicht vollkommen identifizieren; jeder der sich mit Musik ein wenig beschäftigt hat, weiss, dass ein jedes Stück in einer bestimmten Tonart steht d. h., dass die Melodik des Stückes

Dur und Moll, Tonart

in ihrer Melodieentwicklung eine bestimmte Tonart (C-dur, D-dur, A-moll u. s. w.) zum Mittelpunkt hat. Von dieser geht sie aus, trägt sie in wichtigen Entwickelungsmomenten zur Schau, wählt von ihr aus diejenigen Tonarten, welche während der Dauer der Komposition vorübergehend massgebend sein sollen u. dergl. mehr, und schliesst mit dieser Tonart gewöhnlich die ganze Komposition ab. Diese Tonart lässt sich zwar mit nichts prägnanter personifizieren als mit ihrer Tonleiter, nur darf man dabei nicht vergessen, dass die Töne einer Tonleiter Bestandteile enthalten, welche auch für andere Tonleitern wichtig sind. Mit den Tönen der c-dur-Tonleiter lassen sich z. B. sowohl der A-moll-Dreiklang a c e, der g-dur Dreiklang g h d, der E-moll-Dreiklang e g h, der F-dur-Dreiklang f a c und schliesslich der D-moll-Dreiklang, d f a bilden; man sieht also, dass man wohl eine einzige Tonleiter benutzen und sich dabei doch in den verschiedensten Tonarten bewegen kann. Im Bereiche einer Tonart liegt ausserdem eine ganze Anzahl von Accorden, welche andere Töne als die der Tonleiter jener Tonart enthalten.

[Früher, als die Grenzen innerhalb derer sich eine Melodie bewegen durfte, enger gezogen und die Anschauungen und Kenntnisse von Tonverwandtschaft wesentlich andere waren, betrachtete man Tonleiter und Tonart als identisch].

Die Begriffe konsonant (zusammentönend, wohltönend) und dissonant (auseinandertönend, misstönend) sind auf Grund des bisher betrachteten folgendermassen zu definieren:

Auf Intervalle angewandt sind alle diejenigen Intervalle konsonant, welche mit den Tönen eines Moll- oder eines Dur-Accordes gebildet werden können.

Konsonant sind mithin der Einklang d. h. zweimalige Nebeneinanderklang desselben Tones, die Oktave nach oben und unten, die Doppel-dreifache- u. s. w. Oktaven, die Quinte und Quarte nach oben und unten nebst ihren Erweiterungen, grosse und kleine Terze, Sexte und deren Erweiterungen z. B für C-dur

Allgemeine Musiklehre

Dissonante Intervalle sind solche, welche von Tönen gebildet werden, die nicht demselben Klang (Dur oder Moll Dreiklang) angehören.

Dissonante Intervalle sind sämtliche Secunden Septimen und deren Erweiterungen, sowie alle übermässigen und verminderten Intervalle.

Ebenso einfach wie die Frage nach Konsonanz und Dissonanz der **Intervalle**, ist die nach konsonanten (oder konsonierenden) und dissonanten **Accorden** beantwortet: **nur Dur-Dreiklänge** (Oberklänge) **und Moll-Dreiklänge** (Unterklänge) **sind konsonant, alle dissonanten Accorde sind Modifikationen jener.**[1])

Einen Schritt weiter wollen wir thun, indem wir uns die wichtigsten Tonstufen innerhalb einer Tonleiter betrachten. Die **Tonika** kennen wir schon als erste Stufe und Träger des wichtigsten Dreiklangs. Dazu kommt die fünfte Stufe jeder Tonart (die reine Quinte der Tonika), welche wir Oberdominante oder einfach **Dominante** nennen, und der fünfte Ton von der Tonika aus nach unten, die wir als **Unter- oder Subdominante** bezeichnen. Zum Beispiel die Tonika sei C-dur, dann ist die Dominante G-dur, die Subdominante F-dur.

Dominante

---

[1]) **Die Klassifikation sämtlicher dissonanten Accorde** ist auf der genannten Unterlage eine bedeutend einfachere als es bisher möglich war, sie entstehen durch:
1. einen dem Dreiklang hinzugefügten 4. oder 5. Ton.
2. einen an Stelle eines Dreiklangtones gesetzten Nachbarton (sog. Vorhalts-Dissonanzen).
3. chromatische Veränderung eines Dreiklangtones (sog. alterierte Accorde)

Die physiologische Wirkung der dissonanten Accorde giebt sich gegenüber der befriedigenden Wirkung beim Anhören eines Dreiklangs als ein Gefühl der Unruhe der Nichtbefriedigung zu erkennen. Ein oder mehrere Töne des dissonanten Akkordes verlangen eine Weiterführung in andere Töne, eine sog. Auflösung. Nach endgiltiger Auflösung hat das Ohr erst Ruhe.

Dominante, Modulation

Jede dieser beiden Tonstufen kann Träger eines Drei klangs werden und diese auf Dominante und Subdominante stehenden Dreiklänge sind nach dem Dreiklang der Tonika die wichtigsten, weil sowohl im einfachsten Volksliedchen wie in den gewaltigsten Kompositionen ausser der vorgezeichneten Tonart die Tonarten beider Dominanten (dominans lat: herrschend) vorherrschen, und ihre Erreichung innerhalb einer Komposition auf die innere Gliederung derselben nicht wenig Einfluss gewinnt.

Unter **Modulation** versteht man das Uebergehen von einer Tonart in eine andere, welche von dem Augenblick an Haupttonart (Tonika) an Stelle der früheren wird. Man kann mit unzähligen Wendungen einen solchen „Tonalitätswechsel" ermöglichen. Das gewöhnlichste Modulationsmittel ist die Verwandlung einer Tonika in eine der Dominanten oder einer Dominante in die andere [eine sog. „Umdeutung"].

Modulation

Eine solche Umdeutung kann auch erzwungen werden, indem man einem Dreiklang eine Dissonanz beifügt, welche denselben prägnant zur Ober- oder Unterdominante der Tonart macht, in welche man gelangen will. Solche Dissonanzen nennt man „**charakteristische**".

Nur zwei von ihnen wollen wir als die wichtigsten beleuchten: Sobald man einem Dur-Dreiklang die kleine (natürliche) Septime hinzufügt, wird er zur Oberdominante d. h. sobald dem C-dur-Dreiklang die kleine Septime b hinzugefügt wird, ist C-dur: Dominante (Ober D) von F-dur d. h. F-dur muss folgen.¹) Ein Moll Dreiklang mit kleiner Unterseptime macht diesen zur Subdominante (z. B. A-moll mit kleiner Unterseptime führt zu der Tonart von der A-moll die Subdominante ist = nach E-moll)²) Die Sexte bei einem Dur-Accord macht diesen zur Subdominante³) und die Untersexte bei einem Moll-Dreiklang macht diesen zur Dominante.⁴)

Ehe wir mit einigen Bemerkungen über Melodie und

Allgemeine Musiklehre

Harmonie dieses Kapitel schliessen, wollen wir noch einen kurzen Blick auf die nächsten Verwandten von Tonika, Dominante und Subdominante thun, es sind in Dur die „dazugehörigen" Moll-Tonarten und in Moll die dazugehörigen Dur-Tonarten, mit einem Wort die sogenannten **Paralleltonarten** d h. Tonartenpaare verschiedenen Geschlechts (d. h. Moll oder Dur) mit denselben Vorzeichnungen (Kreuzen und Been). Ohne jede weitere Erklärung kann das Auffinden und damit der Verwandtschaftsgrad zwischen **Parallelklängen** d. h. den Dreiklängen der Paralleltonarten gezeigt werden, wenn arabische Zahlen für die Intervalle, die nach oben, und römische für Intervalle, die von oben nach unten abgemessen sind, angewandt sind. Tp soll heissen Tonica Parallele (Dp Sp sind Dominant- und Subdominant-Parallel-Tonarten, falls der Accord, zu dem wir die Parallel-Tonart suchen, Dominante oder Subdominante einer Tonart ist, welche man als Haupttonart (Tonart der Tonika) ansehen muss, indem man bei Einzelbetrachtungen von ihr ausging oder sie im Zusammenhang einer Komposition als solche empfand.)

Von den paarweise gestellten Accorden ist jeder der Parallel-Klang des andern, wobei die bei dieser Art der Klarlegung hervortretende Gemeinsamkeit der wichtigsten Töne ihre nahe Verwandtschaft erklärt.

Zuletzt, was ist eine Melodie? was ist eine Harmonie, und was will die Harmonielehre?

Melodie

Eine Melodie unserm heutigen, modernen Empfinden nach wird gebildet durch Veränderung der Tonhöhe, Tondauer und Tonstärke und gruppiert sich um den Kern der wichtigsten Töne einer zeitweisen Haupttonart. Hierbei betrachtet man die

Melodie Harmonie, Stimme

Ganz- und Halbtonschritte mehr als melodische, die grösseren Intervalle mehr als die harmonischen Schritte. Im Hinblick auf die Melodiefortschreitungen sei noch ein Melodieschritt genannt, welcher in den meisten Fällen eine bestimmte Fortschreitung der Melodie erzwingt: der **Leitetonschritt**.

Als **Leitetonschritt** wird gewöhnlich der Halbtonschritt von dem siebenten Ton (dem Leiteton) einer Tonleiter zum 8. bezeichnet, jedoch kann jede Erhöhung oder Erniedrigung eines Dreiklangtones bewirken, dass die erhöhte Note um einen Halbton hinauf, die erniedrigte um einen Halbton hinunter zu führen als Bedürfnis empfunden wird. Auch eine derartige Fortführung entspricht dem Leitetonverhältnis.

Unmelodiös wäre mithin ein konstantes Negieren der einer Melodiebildung günstigen Faktoren.

Eine Harmonie im Sinne unserer Zeit wird gebildet durch eine Anzahl von Tönen, deren Beziehungen zu einander derartige sind, dass sie als Accord vom Ohr des Hörers aufgefasst (d. h. als Zusammenklang empfunden) werden können.

Harmonie

Die Harmonielehre beschäftigt sich mit den verschiedenen Formen von Accorden, deren Entstehung, Bedeutung im Zusammenhang und Klassifikation. Die Elementarbegriffe der Harmonielehre sind in der Natur des Klanges (siehe Anfang unserer Betrachtung) selbst gegeben.

Eine **Stimme** in einer Komposition nennt man diejenige mehr oder weniger zusammenhängende Tonreihe, welche der Komponist von e i n e r Singstimme oder e i n e m Instrument, allein oder zusammen mit andern vortragen lässt. Die für die Komposition wichtige Stimme nennt man **Hauptstimme** oder **obligate** Stimmen, die andern sind ihr gegenüber Neben- oder Füllstimmen. Die in einer mehrstimmigen Komposition als höchste und tiefste Stimme hervortretenden nennt man **Aussenstimmen**, die zwischen ihnen liegenden **Innenstimmen**. Vergleicht man zwei Stimmen bezüglich ihrer Melodielinien, so nennt man das Steigen beider: eine **Parallelbewegung** ¹) der Stimmen, gehen beide nach entgegengesetzten Seiten auseinander, so sprich

Stimme

Allgemeine Musiklehre

man von **Gegenbewegung** [2]), bleibt eine von beiden auf derselben Höhe, während die andere steigt oder fällt, so ist die Bewegung der Stimmen eine **Seitenbewegung** [3])

1)   2)   3)

Stimm-
führung

Die Bewegungen der Stimmen untereinander sind durch **Stimmenführungsregeln** gewissen Bestimmungen unterworfen, doch muss man, ehe man eine Komposition daraufhin prüft, ob und in wie weit diese massgebend für ihre Herstellung waren, untersuchen, ob man es mit **realen Stimmen** zu thun hat oder nicht; reale Stimmen nennt man solche, die Hauptstimmen einer als 2, 3, 4, 5 u. s. w. stimmig bezeichneten, oder als solche erkennbaren Komposition sind, oder neben diesen auf kurze Zeit als selbständige Nebenstimmen auftretend unterschieden werden können, oder in einer andern Komposition wenigstens mehrere Takte hintereinander ein selbständiges Ganzes bilden; mit einem Wort reale Stimmen sind existenzberechtigte Einzelindividuen. Auf diese Stimmen finden mehr oder minder streng die Vorschriften der Stimmführungsregeln Anwendung, während diejenigen Stimmen einer Komposition, welche nicht in dieser Weise mit der Prätension der Selbständigkeit auftreten, von den Stimmführungsregeln weniger, von einigen derselben gar nicht betroffen werden. Man muss jedoch die für reale Stimmen massgebenden Regeln von den allgemeinen gefassten trennen; die allgemeinen Stimmführungsregeln wenden sich gegen unmelodiöse oder bezüglich ihrer Ausführung unpraktische Stimm-Schritte und Zusammenstellungen, während jene speciellen sich, abgesehen davon, dass sie die allgemeinen Regeln verschärft fordern, auch z. B. mit der Entfernung der Stimmen untereinander, oder in das Gebiet der eigentlichen Harmonielehre hineingehörig, mit dem Verbote oder der Zulässigkeit der Verdoppelung gewisser Töne, der Fortschreitungsmöglichkeiten einer gut geführten Bassstimme, u. s. w. u. s. w. beschäftigen.

Kapitel 2.

Motiv. — Schwer und leicht. — Takt und Taktarten. — Dynamik und Agogik in ihren aesthetischen Wirkungen. — Phrase. — Maasse für Tonstärke und Geschwindigkeit. — Rhythmik und Metrik. — Tonsystem und Temperatur.

Wenn das erste Kapitel dem **Material** gewidmet war, mit dem wir in unserer Kunst zu rechnen haben, dem Ton, seiner Entstehung und seinen Beziehungen zu anderen seinesgleichen, so wollen wir uns in dem Folgenden mit der **Gliederung** des zu einer Melodie aneinander gereihten **Materials** beschäftigen.

Die Elemente, die kleinsten Glieder eines musikalischen Gedankens nennt man **Motive**, (aus dem Lateinischen s. v. w. Bewegungs-Elemente) und Nichts kann bezeichnender für diesen kleinsten Teil eines in fortwährender Bewegung auf und abwogenden Ganzen sein.   *Motiv*

Denken wir uns einen einzelnen Ton losgelöst aus jedem Zusammenhang, so wohnt ihm keine Energie bei, er besitzt nur die Eigentümlichkeiten seines Klanges; das ändert sich, sowie ein zweiter zu ihm in Beziehung tritt und zwar derartig, dass man den ersten als Aufstellung, gleichsam Frage, und den zweiten als Abschluss, gleichsam Antwort des ersten auffassen kann. Sehr naheliegend ist es nun, dem Abschluss als Schlussstein eine Symmetrie, einer Antwort auf eine Frage, einen grösseren Wert beizulegen, oder wie der Musiker sagt die zweite Note der ersten gegenüber als **schwerer**[1]) zu empfinden.

Der Taktstrich hat nun die wichtige Aufgabe den Schwerpunkt zu markieren und man muss sich hüten, den Taktstrich als Grenzpfahl der zusammengehörigen Töne aufzufassen, sondern er bezeichnet nur die ihm folgende Note als diejenige, nach welcher, als dem Kulminationspunkte, sich die Kraft entfalten soll. Der Taktstrich hindert uns mithin nicht, über ihn hinweg   *Takt*

---

[1]) Schwerer Taktteil = guter Taktteil.
Leichter Taktteil = schlechter Taktteil.

Allgemeine Musiklehre

Beziehungen zwischen den Noten zu knüpfen, er giebt uns im Gegenteil die Direktive für eine Kraftäusserung. Die Musik be-

*Be-
tonung.*

zeichnet ein Anwachsen von Kraft mit dem italienischen **crescendo** wachsend oder einem das Anschwellen von Tonstärke versinnbildlichenden Zeichen ⎯⎯⎯

Unsere bis zu diesem Punkt gediehene Erörterung liesse sich also folgender Weise skizzieren: ♩ | ♩ den Keim für zweiteilige Taktarten haben wir, wie wir nachher noch weiter ausführen wollen, vor uns. Wenn man nun dem Gesetz der Trägheit einerseits und dem Empfinden, grösseren Kraftaufwand mit grösserem Zeitaufwand zu paaren andererseits, nachgiebt, so wäre eine Verlängerung der zweiten Note wohl zu verstehn. Dehnt sich der Ruhepunkt jedoch aus, so ist nur ein Weniges hinzuzufügen, um der Note den doppelten Wert zu geben ♩ | ♩ die Dreiteiligkeit ist gefunden und das dem Crescendo entgegengesetzte Zeichen des **Decrescendo** d h der Stärkeabnahme ist nach der Erreichung des Kulminationspunktes nur natürlich; das Decrescendo ist als Zeichen ⎯⎯⎯

Man unterscheidet einfache und zusammengesetzte Taktarten, welche letztgenannten sich natürlich aus Aneinanderreihung jener bilden. Dadurch entstehen alle Betonungen zweiter Ordnung, indem auch innerhalb eines zusammengesetzten Taktes noch ein **Schwer** und ein **Leicht** unterschieden wird, wobei der Hauptaccent jedoch auf dem ersten Wert nach dem Taktstrich verbleibt.

leicht schwer leicht schwer leicht schwer leicht schwer leicht schwer

C ♩ | ♩ ♩ | ♩ ♩ | ♩ ♩ | ♩ ♩ | ♩

6/8 ♪ | ♪ ♪ ♪ ♪ ♪ ♪ | ♪

Auftakt

An den angeführten Beispielen sieht man, wie sich im ⁴/₄ Takt je das 2ᵗᵉ Viertel vom ersten loslöst und Auftakt zum Nächsten wird. **Auftakt** nennen wir jene unvollständigen Takte, die über den Taktstrich hinweg mit den Werten des nächsten

Betonung

Taktes in Konnex stehen. Dasselbe wie beim $^4/_4$ Takt sehen wir im $^6/_8$ Takt. Die lange Note, die wir oben bei der Erklärung der Bildung dreiteiliger Motive anwandten, ist hier in zwei Achtel aufgelöst, deren eines Höhepunkt ist, während das andere ihm gegenüber schwächer ist; das dritte Achtel ist sodann wieder Auftakt zu einer neuen dreiteiligen Bildung. Wenn wir im Inneren des Taktes hier von einem Auftakt reden, so ist das so zu verstehn, dass, obgleich der Schwerpunkt zweiter Ordnung im Inneren des Taktes nicht durch einen Taktstrich gekennzeichnet ist, die ihm voraufgehende Note zu ihm in demselben Verhältnis steht, wie ein Auftakt zum Takt.[1])

Natürlich würde der Vortrag eines Musikstückes mit sklavischer Betonung sämmtlicher vorhandenen Accente entsetzlich wirken, er wird sich vielmehr den in grösseren Verhältnissen bedingten Nuancierungen unterordnen. Es wird dem Laien vielleicht nicht fremd sein, dass diese gegenseitigen Verhältnisse von leicht und schwer nicht nur in jenen kleinsten Bildungen der Taktmotive, sondern für ganze Taktgruppen und Perioden massgebend sind.

Es treten ebenso, wie leichte und schwere Taktteile, sich leichte und schwere Takte oder Taktgruppen gegenüber. Die Fixierung schwerer Takte ist für die musikalische Logik ebenso wichtig, wie die schweren Taktzeiten für das richtige Taktverständnis. Sobald der Schwerpunkt innerhalb einer Taktgruppe verlegt wird, in den man das Empfinden zwingt, ihn zum Beispiel zu wiederholen oder auszulassen, ihn früher oder später als erwartet wurde, zu markieren, u. s. w. ist die Symmetrie eine gestörte. Eine Verwandlung von leicht in schwer oder umgekehrt nennt man eine Umdeutung.

---

[1]) **Auftaktige Bildungen** sind überhaupt in der Musik öfter vorhanden, als man für gewöhnlich annimmt, ein guter Teil des einer Melodie innewohnenden Schwunges, der Energie, beruht in ihnen und sie vermögen das Interesse des Hörers weit länger zu fesseln, als das Gegenteil: andauernde Volltaktigkeit. Volltaktige Bildungen werden sich in Volksliedern, Tänzen und Märschen öfter finden, da sie Komplikationen im Taktaufbau nicht gerade begünstigen

Allgemeine Musiklehre

Im Allgemeinen sind die Mittel zu der **Durchbrechung der Symmetrie** des Themen- (und damit Takt-) Aufbaues solche, welche das Schema leicht-schwer oder schwer-leicht u. s. w. erweitern durch Einschaltung und Dehnung von Werten, sowie Verwandlung schwerer Werte (Umdeutung derselben) zu leichten, oder solche, welche das Schema verengen durch Auslassungen oder Umdeutung leichter Werte zu schweren.

Phrasierung

Sobald der Inhalt eines Motivs als selbstständiges symmetrisches Gebilde einem anderen gegenübergesetzt wird, wird er zur **Phrase**, deren Ausdehnung beliebig sein kann, sie wird zu Beginn eines Stückes, da sie sich aus dem vorhandenen Material ja erst entwickeln soll, oft nur Motiv Grösse besitzen, während sie im Verlaufe der Komposition zu ganzen Taktgruppen und Satzgliedern anwachsen kann.

Phrasierung, um diesen heutzutage vielumstrittenen Begriff nicht zu übergehen, ist nach seinem Hauptverfechter Dr. Hugo Riemann „Abgrenzung der Phrasen d. h. der mehr oder minder in sich geschlossenen natürlichen Glieder der musikalischen Gedanken (Sinngliederung) durch Ausdruck beim Vortrag und in der Notierung durch besondere Hülfszeichen".

Welche Mittel stehen nun der Musik zur Verfügung, eine Melodie ausdrucksvoll vorzutragen und damit sinngemäss zu gliedern?

Dynamik

Zunächst die schon erwähnten Faktoren des Anschwellens und Nachlassens der Tonstärke; d. h. die Elemente der **Dynamik** (ἡ δύναμις die Stärke). Ein Crescendo oder Decrescendo braucht jedoch nicht immer vorgeschrieben zu sein, sondern wird oft unbewusst als nötig empfunden. Eine nach der Höhe zu aufsteigende Tonfigur, abgesehen natürlich von dem Fall, dass der Komponist es zum Zweck besonderer Wirkung dem entgegengesetzt vorschreibt, wird meist im Crescendo eine absteigende meist in Decrescendo vorgetragen. Diesem Empfinden parallel

Agogik

geht in den meisten Fällen für das Crescendo ein geringes Anwachsen auch der Geschwindigkeit und umgekehrt ein Nachlassen der Geschwindigkeit bei dem der Tonstärke. Wir

Vortrag

brauchen nur unsere Sprache ein wenig zu beobachten, um bei Aeusserungen der Affekte ganz ähnliche Wahrnehmungen zu machen. Diese oft nur winzigen Tempo-Veränderungen, ebenso wie das schon erwähnte Betonen eines Höhepunktes, sowie ein unmerkliches Verweilen auf demselben, gehören, gleich den durch ein Zusammenfassen des als zusammengehörig Empfundenen entstehenden minimalen, mehr im Empfinden liegenden Verzögerungen, in das Kapitel der **Agogik** (ἡ ἀγωγή Führung Leitung). Die Vorschrift des Betonens einzelner Noten durch besondere Vorschriften liegt wie das Verlangen einer grösseren Ruhepause auf irgend einer Note durch Anwendung einer sog. **Fermate** wieder in Händen des Komponisten.

Ein Fermate bedingt eine Ruhepause auf der betreffenden Note. Die Länge einer solchen Dehnung und Pause bleibt dem Geschmack des einzelnen anheimgestellt, wobei Rücksichten auf den Charakter des ganzen Stückes und die Erzielung besonderer Wirkungen im speciellen Falle massgebend sein müssen.

Ueberhaupt sind **Tonstärke** und **Geschwindigkeit** bei der Wiedergabe von Tonstücken oft anfechtbar, ohne dass es in vielen Fällen eine andere Norm gäbe, als das subjektive Empfinden des Ausführenden, denn es handelt sich ja meist nur um ein Winziges, das nach der einen oder andern Seite hin dem Zuhörer genügen würde, um ihn zu befriedigen.

Guter Geschmack des Ausführenden kann auch hier nur als entscheidend in Frage kommen.

Für die Tonstärke besitzen wir keinen Gradmesser, für die der Geschwindigkeit hingegen haben wir einen, wenn auch nur relativen, in uns selbst: nämlich unsern Pulsschlag, welcher bei normalen Menschen unter normalen Verhältnissen ca. 78 Schläge in der Minute macht, was einem mittleren Tempo entspricht und in der Musik mit andante (gehend) bezeichnet wird. Alles was geschwinder als unser Pulsschlag ist, empfinden wir als schneller oder schnell und umgekehrt. Würde sich jedoch

Messung von Tonstärke und Geschwindigkeit

Allgemeine Musiklehre

jeder Solist oder Dirigent nach diesem Zeitmesser richten, wäre es übel um die Tempi bestellt. Um dem Empfinden für Tempo, welches angeboren sein kann, wie es sich durch Uebung auch anerziehen lässt, nachzuhelfen, sind verschiedene Apparate konstruiert worden, welche sichtbare und hörbare Takteinteilungen nach Wunsch markieren. Der bekannteste unter jenen Apparaten ist das **Metronom von Mälzel**, welches mittelst eines Uhrwerks ein mit verschiebbarem Gewicht und Skalen-Einteilung versehenes Pendel in Schwingung versetzt; die Schwingungen sind deutlich hörbar.

<small>Steht über eine Komposition z. B. M M ♩ = 78 so bedeutet dieses, stelle das Metronom so, dass das Pendel 78 Schwingungen in der Minute macht und auf jeder Schwingung bringe eine Viertelnote. Auf diese Weise hat man für das allgemeine Tempo eines Musiksatzes einen unfehlbaren Anhalt.</small>

Während die **Metrik** das verschiedene Gewicht der Töne zu Grunde legt, behandelt die **Rhythmik** die verschiedene Dauer der Töne und die dadurch entstehenden Kunstwirkungen; beide sind jedoch kaum von einander zu trennen.

Zum Schluss seien noch einige charakteristische Rhythmen erwähnt, die eine von der gewöhnlichen verschiedene Einteilung der Takteinheiten veranlassen.

Unregelmässige Takteinteilungen

Triolen entstehen, wenn sich an Stelle von zwei Notenwerten deren drei finden, die in derselben Zeit ausgeführt werden sollen. Erfolgt z. B. die Teilung eines Viertels in drei statt in zwei Achtel, so bilden diese drei Achtel eine Achtel-Triole. In derselben Weise entsteht eine Viertel-Triole, wenn sich eine Halbe in drei, statt in zwei Viertel teilt u. s. w. Ein Bogen mit einer 3 ist das Triolenzeichen. Wenn auch nicht so häufig wie diese kommt auch eine Triole vor welche anstatt vier Noten eintritt, indem z B. drei Viertel einen $^4/_4$ Takt auszufüllen bestimmt sind. Der Unterschied in der ästhetischen Wirkung beider ist klar, in dem ersten Fall wirkt die Triole beschleunigend, im zweiten hemmend. Gleich der Triole giebt es **Duolen, Quartolen, Quintolen, Sextolen** u. s. w., wenn zwei statt drei Noten im ungeraden Takt, wenn vier statt drei Noten (selten statt 6), wenn fünf statt vier oder sechs u. s. w.

stehen, welche Bildungen sämtlich wie die Triole verschieden wirken können, jenachdem sie für eine kleinere oder grössere Anzahl von Noten eingestellt sind. Ein Bogen mit der entsprechenden Zahl darunter kennzeichnet sie als Unregelmässigkeiten.

Die Synkope endlich ist die Verbindung einer Note auf leichtem Taktteil mit einer nächstfolgenden auf schwerem Taktteil [leicht, schwer siehe S 106], entgegen der gewöhnlichen Takteinteilung (so dass eine Veränderung des Rhythmus entsteht), z. B.

Im Beispiel ragt das zweite Achtel des ersten Viertels zu einem Viertel verlängert in das nächste zweite Viertel hinein. Anstatt dass das erste Viertel von zwei zusammengehörigen Achteln gebildet wurde, wird das zweite Achtel des ersten Viertels mit dem ersten Achtel des zweiten Viertels zusammen zu einer Viertelnote vereint. Dasselbe wiederholt sich mit dem Hineinragen des zweiten in das dritte Viertel des Taktes, während das letzte Achtel des ersten Taktes, eigentlich zum letzten Viertel gehörig, sich über den Taktstrich hinweg mit dem ersten Achtel des nächstfolgenden Taktes mittelst Haltebogen vereint.

Tonsystem und Temperatur

Ein Tonsystem macht es sich zur Aufgabe, die für die praktischen Musikübungen brauchbaren Tonverhältnisse theoretisch klarzulegen und zu systematisieren. Die Tonsysteme aller Zeiten haben Berührungspunkte und zwar liegen diese in der wichtigen Thatsache, dass sie sämtlich von einem **diatonischen** Tonsystem als Grundlage ausgehen, wobei sich die Theorie unzweifelhaft der Praxis anschloss.

Diatonisch (griechisch) nennt man eine Tonfolge, welche sich hauptsächlich durch Ganztonschritte bewegt.

chromatisch wird man dagegen ein Tonsystem nennen, welches die fortgesetzte Folge von Halbtonschritten als grundlegend betrachtet. (Siehe Intervalle Seite 93.)

enharmonisch ist ein System, welches darauf verzichtet, der Praxis zu Liebe erhöhte und erniedrigte Töne, welche streng genommen verschiedene Tonhöhen repräsentieren müssten, zu identifizieren; was das bedeutet werden wir sogleich sehen

Allgemeine Musiklehre

Unser Tonsystem legt eine diatonische Tonleiter zu Grunde, deren Stammtöne $\underbrace{c\ d\ e\ f\ g\ a\ h\ c}_{1\ \ 1\ \ ½\ \ 1\ \ 1\ \ 1\ \ ½}$ den Abstand von 5 Ganzen (1) und zwei Halben (½) Tönen aufweist. Versieht man einen dieser Töne mit einem ♯ (Kreuz) oder ♭ (B) so nennt man ihn chromatisch verändert (auch mittelst Anwendung von Doppelkreuz × und doppel ·B ♭♭).

Um dagegen Tonreihen, welche nicht mit c beginnen und aufhören, sondern solche von g—g oder a—a u. s. w., herzustellen, welche dieselbe Konstruktion zeigen wie jene C-dur-Tonleiter müssen einige der Stammtöne chromatisch verändert (erhöht oder vertieft) werden zum Beispiel $\underbrace{g\ a\ h\ c\ d\ e\ fis\ g}_{1\ \ 1\ \ ½\ \ 1\ \ 1\ \ 1\ \ ½}$ oder $\underbrace{e\ fis\ gis\ a\ h\ cis\ dis\ e}_{1\ \ 1\ \ ½\ \ 1\ \ 1\ \ 1\ \ ½}$ oder $\underbrace{es\ f\ g\ as\ b\ c\ d\ es}_{1\ \ 1\ \ ½\ \ 1\ \ 1\ \ 1\ \ ½}$ usw.

Sämtliche Tonarten, sind C-dur und A-moll ohne Vorzeichnungen welche in unserem Tonsystem denkbar sind, entstehen durch solche chromatische Veränderungen der Töne, welche um den Namen einer Duroder Moll-Tonleiter zu rechtfertigen, die für jene Skalen notwendigen Intervallverhältnisse aufweisen müssen.

G „	„ E „	mit	1	♯
D „	„ H „	„	2	„
A „	„ Fis „	„	3	„
E „	„ Cis „	„	4	„
H „	„ Gis „	„	5	„
Fis „	„ Dis „	„	6	„
Cis „	„ Ais „	„	7	„
F „	„ D „	„	1	♭
B „	„ G „	„	2	„
Es „	„ C „	„	3	„
As „	„ F „	„	4	„
Des „	„ B „	„	5	„
Ges „	„ Es „	„	6	„
Ces „	„ As „	„	7	„

Sämtliche musikalisch verwertbaren Töne sind nicht nur in ihren absoluten Tonhöhen, sondern auch in ihren gegenseitigen Beziehungen als Intervalle, wie schon erklärt wurde, durch mathematische Formeln als Zahlenverhältnisse ausdrückbar Allein unser Ohr stellt an Tonhöhen-Verhältnisse nicht dieselben

Ansprüche wie die exakte Wissenschaft, welche ihren Zahlen nach eine andere Wahl von Tönen treffen möchte, als die Praxis.

Die Gelehrten aller Zeiten haben sich nun damit abgegeben, die praktisch annehmbaren Tonhöhen mittelst Zuhülfenahme von Physik und Mathematik derartig in ein System zu bringen, dass nicht nur unser Ohr, sondern auch jene Wissenschaften mit der Genauigkeit der Tonhöheverhältnisse der Töne des Systems untereinander in ihren Anforderungen annähernd befriedigt werden. Die Praxis aller der Instrumente jedoch, deren Töne nicht vom Spieler höher oder tiefer gemacht werden können, als sie vorhanden sind, wie z. B. beim Klavier, steckt für die Wahl der Töne — deren es unzählige in der Natur giebt — Grenzen: es ist mithin ausgeschlossen in der Musikpraxis ein Instrument zu gebrauchen, welches als Tasteninstrument neben c ein cis, ein ces, ein cisis und ein ceses getrennt besitzt, was für die Oktave 7×5 Tasten ergeben würde. Nach den verschiedensten Versuchen früherer Jahrhunderte, welche vergeblich danach strebten, die thatsächliche Verschiedenheit der praktisch wertbaren Töne und die Möglichkeit ihrer Reinheit mit der theoretisch akustischen Reinheit eines Tonsystems nach konsequent durchführbaren Prinzipien von einem speciellen Gesichtspunkt aus zu vereinen, wurde gegen Ende des XVII. Jahrhunderts das sogenannte **gleichschwebend temperierte** (12 stufige) **Tonsystem** aufgestellt, welches auf die physikalisch absolute Reinheit jedes einzelnen Tones verzichtet und die Fehler, welche gemacht werden müssen, derartig gleichmässig verteilt, dass unser Ohr befriedigt ist.

Mit der Aufstellung dieses nun allgemein angenommenen Tonsystems, für welches seiner Zeit Joh. Seb. Bach eintrat, in dem er ein Werk: „**Das wohltemperierte Klavier**" nannte, tritt die Notwendigkeit an uns heran, einige theoretisch verschiedene Töne praktisch zu identifizieren. Auf dem Klavier muss z. B. die Taste für f zugleich eis, fis zugleich ges, g zugleich fisis u. s. w. repräsentieren. Tritt der Fall ein, dass sich z. B. der Ton e in den Ton fes verwandelt, so nennt man den Ton **enharmonisch verwechselt**

B. Formenlehre.

Kapitel 1.

Kunstform. — Formentypen. — Symmetrie im Formenaufbau. — Einfluss der Harmonie auf die Formenbildung. Kadenz.

Da ein musikalisches Kunstwerk wie jedes andere uns in einer äusseren Gestalt entgegentritt und die äussere Gestaltung sehr verschiedene **Formen** aufweisen kann — man denke an einen Tanz, einen Marsch, eine Symphonie — so muss es auch in unserer Kunst eine Formenlehre geben, welche es sich zur Aufgabe macht, Formen, von den einfachsten bis zu den kompliziertesten, als vernunftgemäss und nach grundlegenden Prinzipien sich entwickelnd, aufzustellen, um uns damit die Möglichkeit an die Hand zu geben, in ihnen künstlerisch Vollendetes zu schaffen, oder auch aus ihnen heraus Neues zu gestalten.

Schon bei der Betrachtung über die Entwickelung von Taktmotiven konnten wir uns darüber klar werden, dass das Empfinden einer Symmetrie, bezw. einer gestörten Symmetrie, deren Erkenntnis uns ja nur auf Symmetrie hinweist, sehr bedeutungsvoll für die Erreichung eines befriedigenden Sinneindrucks ist. Das Ringen nach ebenmässiger Gestaltung, trotz der Mannigfaltigkeit einzelner Gliederteile, nach Einheit in der Anordnung der Vielheit, durchzieht das Wesen jedes künstlerischen Schaffens, so auch das des Tonkünstlers.

Die folgenden Zeilen sollen nun die Gestaltungen kleiner musikalischer Formen und deren Aneinanderreihen und Auswachsen zu grösseren Formen zeigen.

Bei unseren Ausführungen müssen wir an dieser Stelle ausgehen von der für formelle Gestaltung unterschiedlichen Bedeutung der Zwei- und Dreiteiligkeit, wenn wir auch sahen, wie die Zweiteiligkeit Wurzel der Dreiteiligkeit wurde.

Kunstform, Formentypen

Ein Beispiel, wie wir es dem Kompositionsschüler geben wird am besten die Entwickelungsphasen in der Gestaltung von musikalischen Gedanken zu Sätzen, Perioden u. s. w. veranschaulichen:

Angenommen der Komponist hat ein keimfähiges Motiv, rhythmisch interessant gestaltet, niedergeschrieben, so ist die einfachste **Fortbildung** eine genaue Wiederholung des Motivs: aber eben so gut kann eine Steigerung durch eine Wiederholung des ersten auf einer höheren Tonstufe erfolgen; oder mit einem Auftakt bereichert, oder schliesslich die Intervallverhältnisse statt aufwärts z. B. abwärts führend (sogenannte Umkehrung eines Motivs) kann das zweite dem ersten gegenüber gestellt werden. Entweder ist das eine dem andern in seiner metrischen Konstruktion (der Lage des Schwerpunktes nach) korrespondierend oder anders gestaltet. Wollte man nun dieses Formenbruchstück, welches man **Halbsatz** nennen kann, in der Weise fortführen, dass man es wieder und immer wieder mit kleinen Veränderungen repetierte, so würde das uninteressant und ermüdend wirken. Dass irgend ein interessanter Rhythmus trotzdem charakteristisch für einen ganzen Tonsatz werden kann, ohne an Interesse einzubüssen, zeigen uns die Werke grosser Meister. Beethoven'sC-moll-Symph., insbesondere der Rhythmus des ersten Satzes: ♫ | ♪

Um diesen Halbsatz zu einem **Satz** auszubauen, ist es nötig, ihm einen zweiten Halbsatz gegenüber zu stellen; die einfachste Art der Antwort auf zwei korrespondierende Takte ist die Gegenüberstellung von zwei Takten, deren Taktmotive, in der Regel einander **nicht** nachgebildet, ein Ganzes bildend mit einander verwachsen sind.

Es muss darauf aufmerksam gemacht werden, dass Aehnlichkeit zweier **Taktmotive** [Taktmotive nennt man sie, wenn ihre Schwerpunkte sich mit denen eines zwei- oder drei Zählzeiten enthaltenden Taktes decken] scheidet, zur Gliederung zwingt, während Unähnlichkeit sie zu einem Ganzen verschmilzt

Formenlehre

Zwei ungleich gebildete Takte z. B. könnten beantwortet werden durch zwei ebenfalls ungleichartige, doch derartig, dass Takt 1 und 3 korrespondieren und kreuzweise 2 und 4 als korrespondierend empfunden werden.

Dass durch Hinzufügung und Auslassung von Auftakten, durch reichere **Figuration** [d. i. ein melodisches reiches Gestalten des rhythmisch melodischen Kernes] rhythmische Abänderungen u. s. w. sich die Konstellationen zwischen den einzelnen Teilen zu den mannigfachsten Satztypen gestalten lassen, ist schon nach den wenigen Beispielen klar.

In derselben Weise, wie sich Halbsätze zu Sätzen gestalten, werden 4taktige Sätze zu 8taktigen; und einem **„Vordersatz"** tritt dann ein **„Nachsatz"** gegenüber. Vgl. nachstehendes Beispiel:

Clementi Sonatine, op. 36 No. 1.

Formentypen, Symmetrie, Harmonie

Bisher liessen wir die **Harmoniefolgen** unberücksichtigt; dazu muss bemerkt werden, dass sämtliche Schwerpunkte der kleineren und grösseren Bildungen die Stellen sind, an denen man einen Wechsel der Harmonie erwartet; je schwerer der betreffende Zeitwert ist, um so wahrscheinlicher ist ein Harmoniewechsel. Ist ein Auftakt vorhanden, so setzt dieser gemeiniglich in der Harmonie des Vorausgegangenen an, und erst die schwere Zeit bringt die neue Harmonie (d. h. nicht ohne Ausnahme).

Harmoniewechsel

Die Häufigkeit des Harmoniewechsels wird übrigens durch den Charakter des Thema's (Geschwindigkeit, Melodiekonturen) wesentlich mitbestimmt werden.

Wie verhalten sich nun Dominante und Subdominante in ihren ästhetischen Wirkungen der Tonika gegenüber?

Normal ist in Dur die Entwickelung von der Tonika nach oben d. h. zur Dominante und in Moll nach unten d. h. zur Moll-Subdominante (⁰S). Dagegen erscheint uns in Dur die Folge von Tonika-Subdominante als ein Hinabdrücken unter das Niveau und in Moll: Tonika-Moll-Oberdominante als ein künstliches Hinaufschrauben.

Also auch hier wieder zeigt sich die Begründung unserer Entwickelung von Moll und Dur, indem ein Fortschreiten nach **der** Seite zu als natürlich empfunden wird, nach der sich das Tongeschlecht entwickelt, d h. in Dur nach Oben (Oberdominant-Seite) in Moll nach Unten (Unterdominant-Seite). Bei der Erläuterung des Begriffs Cadenz kommen wir noch einmal auf ähnliche Betrachtungen zurück.

Unter der Unmenge von Harmoniefolgen werden als die einfachsten mithin jene hervortreten, die dem natürlichen Streben eines Tongeschlechtes nachgeben.

Bei der Gegenüberstellung von zwei Taktgruppen, die nicht in derselben Tonart stehen sollen — denn die Anwendung fremder Tonarten hilft entwickeln und kontrastieren —, ist nach dem Gesagten zunächst ein Heraustreten aus der Tonart in eine andere, von ihr aus verständliche, notwendig, und der

Formenlehre

Gegensatz in der Harmoniefolge wird am natürlichsten durch eine Rückbildung d. h. eine harmonische Umkehrung bewirkt werden. Wir kehren aus der fremden Tonart wieder zurück in die Tonika und erhalten ausser dem Kontrast noch die Symmetrie einer Abrundung, indem die Tonart schliesst, mit der wir begannen.

Schluss   Man erhält durch systematische Anordnung der Harmoniefolgen in der Weise dasjenige, was man musikalisch als „**Schluss**" bezeichnet, doch hängt ein gut Teil der Schlusswirkung einer solchen Harmoniefolge, z. B. C-dur — G-dur — G-dur — C-dur daran, dass die schlussfähige Harmonie auch auf einen **schlussfähigen Wert** d. h. auf eine schwere Zeit fällt. Ist einer der beiden Faktoren nicht vorhanden, so ist der Schluss paralysiert, d. h. gelähmt, aufgehoben und somit nicht nur nicht Schluss, sondern im Gegenteil Keim zur Fortbildung.

Kein Schluss, da der harmonisch schlussfähige Accord auf eine leichte, nicht schlussfähige Zeit (das 2. Viertel eines Taktes) trifft.

Kein Schluss, da eine in diesem Fall nicht schlussfähige Harmonie, die Subdominante der Komposition, auf einen schlussfähigen Zeitwert fällt.

Harmonie

Halbschluss nennt man das Treffen der Oberdominante auf einen schlussfähigen Zeitwert.

Kommt die Subdominante auf einen schweren Takt, so ist die abschliessende Wirkung gänzlich aufgehoben, man ist gezwungen, den schlussfähigen Takt durch Einschiebung einer zweitaktigen Gruppe hinauszuschieben. Im übrigen kann jede Dominante oder deren Parallelklang Träger eines Halbschlusses sein. —

Der **Trugschluss** ist zwar ein wirklicher Schluss, nur wird er nicht von allen Stimmen ausgeführt, indem bei der gewöhnlichen Art des Trugschlusses z. B. der Bass stufenweise steigt, anstatt vom Grundton der Dominante zu dem der Tonika zu gehen:

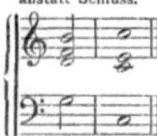 

Sämmtliche Schlüsse werden Trugschlüsse, sobald die Tonika nicht in reiner Gestalt, sondern als **Scheinkonsonanz** auftritt. Scheinkonsonant nennt man einen Dissonanten-Accord im Gewande der Konsonanz: wie hier z. B. den Schluss im Gewande eines A-moll-Accordes. Dadurch, dass der Trugschluss nicht durchgängig Schluss ist, indem er einen oder auch mehrere dissonierende Töne einführt, regt er zu einer Schlussbestätigung an und führt mithin weiter.

Die Zahl der Halb- und Trugschlüsse ist eine ganz bedeutende und es ist unmöglich, sie hier aufzählen zu wollen. Das Wesentlichste wird nach dem Angeführten wohl Jedem klar sein.

Das Wort Schluss führt uns zu dem Begriff einer **Kadenz** — d. h. einer **harmonischen.**[1] — Eine Kadenz ist eine Harmonie-

---

[1] Eine **melodische Kadenz** oder aufgehaltene Kadenz ist, wie sie z. B. in Konzertstücken für Solo-Instrumente vorkommt, brillantes Passagenwerk meist

Formenlehre

wendung, welche durch die Art ihrer Harmoniefolgen einen Schluss als unumstösslich für das musikalische Gefühl hinstellt. Für die Kadenz existiert ein Typus, der grundlegend genannt werden muss:

für Dur-Tonarten: Tonika — Subdominante — Dominante — Tonika;

und für Moll:
{
Molltonika — Moll-oberdominante — Moll-subdominante — Moll-tonika
oder:
Moll-tonika — Moll-subdominante — Dur-oberdominante — Tonika.
}

Beispiel einer Dur-Kadenz.   Beispiele von zwei Moll-Kadenzen.

[musical notation]

Tonika | Subdominante | Dominante | Tonika | Tonika | Moll Oberdomin. | Moll Subdomin. | Tonika | Tonika | Moll Subdomin. | Dur Oberdomin. | Tonika

Zu den zwei Formen der Mollkadenz ist zu sagen, dass die erste von beiden, in der das Mollgeschlecht durchweg konserviert bleibt, die ursprünglichere und in früherer Zeit ausschliesslich angewandt ist, während die neuere Zeit mehr die zweite Form berücksichtigt.

Die genannten Typen können in ausgiebigster Weise erweitert werden, indem man sie selbst als Kern lasst, um sie

---

mit Verwendung der Hauptthemen, kurz vor Schluss eines Musiksatzes. Derartige Kadenzen haben heutzutage oft eine ganz beträchtliche Länge, früher waren ei Verzierungen meist nur des dem Schluss vorangehenden Quart-Sext-Accordes welche vom Komponisten gar nicht ausgeschrieben wurden, indem es dem Geschmack des Spielers überlassen blieb, an der durch eine Fermate gekennzeichneten Stelle eine Cadenz zu extemporieren.

Symmetrie, Harmonie

herum aber Paralleltonarten und Scheinkonsonanzen aller Art als Einschiebsel gruppieren und dissonante Accorde aller Art als Bindeglieder verwenden kann.

Nach dieser Abschweifung, welche durch die Erläuterung der Begriffe Schluss und Kadenz und ihrer Erweiterungen notwendig wurde, wollen wir die Satzbildung weiter verfolgen, die sich bei dem Bedürfnis nach Fortsetzung und Gegensatz zu ganzen Satzperioden zusammenschliesst, wobei Halbsätze und Sätze mit Schlüssen, Halb- und Trugschlüssen in zahllose Beziehungen zu einander treten können.

Für das Entstehen grösserer Formen kann die Symmetrie in der Weise, wie wir sie bisher verfolgten, selbstredend nicht mehr unbedingt massgebend sein, denn ein Gegenüberstellen und Zusammenfassen der immer grösser werdenden Formen ist schliesslich nicht mehr möglich. Dann aber wird, wie die Symmetrie schon im Kleinen durchbrochen wurde, die Abweichung von der Symmetrie in grösseren Formen noch erklärlicher, wenn man z. B. an Gesangskompositionen denkt, die durch ihren Text zu Abweichungen gezwungen werden. Auch ist das ganz strenge Festhalten an der Symmetrie auf die Dauer nicht interessant; wir können sogar behaupten: obgleich das Vorbesprochene als grundlegend aufgefasst werden muss, werden wir kaum ein längeres Tonstück — es sei denn ein Marsch oder Tanz — mit streng durchgeführter, so zu sagen taktweise abgezählter Symmetrie antreffen.

Schon die Anwendung von verschiedenen Arten von Schlüssen, die eine Weiterführung verlangen, in denen ganze Schlussformeln wiederholt werden, die Hinzufügung einer Einleitung oder einer **Coda**, d. h. eines Anhangs, sind geeignet, Abweichungen zu schaffen. So erweitert sich die Zahl der asymmetrischen Gebilde sehr beträchtlich.

So lange nur ein Hauptgedanke die Komposition entstehen lässt, so ist die dafür allgemein gebräuchliche Bezeichnung „**Liedform**", gleichgültig ob die Komposition für Gesang oder für Instrumente gedacht ist.

Formenlehre

Ist ein Satz oder eine Periode der Form nach abgeschlossen, doch das Interesse an seinem Inhalt genügend, um noch einen zweiten Teil diesem ersten gegenüber zu stellen dann ist das Ganze eine **zweiteilige Liedform.**

Bei dieser zweiteiligen Form ist auch nicht nötig, dass beide Teile gleich lang sind, in der Regel wird sogar der zweite Teil ausgeführter sein; es kann sogar der erste der beiden Teile Satzform, der zweite Periodenform haben.

Die dreiteilige Liedform entsteht aus dem Bestreben nach Abrundung, indem der Komponist auf den ersten Teil, denselben wiederholend, zurückgreift; der mittlere Teil steht dann gewöhnlich in der Tonart der Dominante oder Dominant-Parallele und in Moll in der Tonika-Parallele oder auch Moll-Oberdominante u. s. w.

Kapitel 2.

Märsche. — Tänze. — Suite. — Lied. — Ouverture. — Sonate. — Sonatine. — Rondo. — Thema und Variationen. — Symphonie. — Scherzo. — Konzert. — Messe. — Oratorium. — Passion. — Kantate. — Motette und ihre Entwickelung.

Der Marsch. Eine der einfachsten und ältesten Kunstformen ist die der Tänze; zu ihnen muss man auch den Marsch rechnen, der den Zweck hat, die Bewegung einer grösseren Menschenmenge zu regeln. [Heute ist die Polonaise noch ein Marsch, der unter die Tänze gerechnet wird.]

Der Takt der Märsche [d. h. nicht die Polonaise] ist zwei- oder vierteilig ($^2/_4$ und $^4/_4$). Um Monotonie zu vermeiden, werden punktierte Achtelfiguren angewandt,

♩ │ ♩ ♫ ♩ │ ♩ │ ♫ ♫ ♩ │ ♩ │

die den Vorzug besitzen, die schweren Taktzeiten, deren Hervorhebung für den Marsch wesentlich ist, zu präcisieren. Marsche erfordern gleichmässige klare Gestaltung. Es macht hingegen nichts, wenn der zweite Teil grösser als der erste ist.

Gewöhnlich besteht ein Marsch aus einem zwei- oder dreiteiligen ersten Satz, dem Hauptsatz, welcher sich als Schlusssatz wiederholt und dem Hauptinhalt nach nur ein Thema hat; oft findet sich auch eine **Coda**. Diese beiden Sätze (der erste Satz und seine Reprise) werden verbunden durch ein sog. Trio.

Der Name **Trio** stammt aus der Zeit, in welcher Tänze und Märsche zweistimmig im Hauptsatz, im Zwischensatz hingegen dreistimmig gesetzt wurden.

Das Trio ist sowohl in Taktart als in Tempo dem Hauptsatz gleich, ist jedoch in der Melodik weicher, gesanglicher gesetzt und kontrastiert auch durch andere Tonart [Paralleltonart, Tonart der Unterdominantseite u. s. w.] Das Trio kann auch einen ganz fremden Gedanken einführen; der Schluss des Trio leitet sodann zum Anfang in der Haupttonart zurück.

Die **Polonaise** steht im ungeraden Takt mässiger Bewegung mit folgendem charakteristischen Rhythmus: in Melodie oder Begleitung. Die Polonaise (ital. Polacca) ist polnischen Ursprungs.

Im Anschluss an die genannten wollen wir einer Reihe jetzt veralteter Tänze gedenken, auf welche wir noch gelegentlich ihrer Zusammenfassung zur Suite zurückgreifen werden.

Die **Allemande** ist ein ursprünglich deutscher Tanz und wurde von den Franzosen übernommen und entwickelt; sie ist im geraden Takt geschrieben (meist $^4/_4$) und vereint eine gewisse Würde mit anmutiger Melodik [beginnt in der Regel mit $^1/_8$ oder $^1/_{16}$ Auftakt.]

Ein heute noch in der Schweiz und in Schwaben vorkommender lebhafter Tanz im $^3/_4$ Takt wird ebenfalls Allemande genannt.

Die **Courante** oder Corrente ist im Tripeltakt [dreiteiliger Takt], geschrieben [$^3/_2$ und $^3/_4$]. Ein Beispiel aus älterer Zeit (1695) zeigt folgenden Rhythmus:

Später löst sich die Courante in eine mehr gleichmässige Bewegung von Achteln und Sechzehnteln auf. „Der Vortrag"; sagt Türk 1789, „muss ernsthaft, doch beinahe mehr gestossen als geschleift sein. Die Bewegung ist nicht sehr geschwind." Bach behandelt die Courante ziemlich frei.

Die **Sarabande** ist ursprünglich ein spanischer Tanz im Tripeltakt von langsamer Bewegung und gravitätischem Charakter, entweder mehr harmonisch interessierend, oder mit vielen Verzierungen, aber ohne flinke Passagen. Die Sarabande beginnt der Regel nach auf dem vollen Takt und liebt Rhythmen wie die folgenden:

Die **Gigue** ist von leichtem, fröhlichem Charakter und geschwinder Bewegung mit ursprünglich folgendem charakteristischem Rhythmus. Die Gigue liebt imitierende Satzweise. [Siehe Contrapunkt, Fuge u. s. w.]

Als eine geschwindere Art der Gigue ist die **Canarie** zu nennen; beide Tänze stehen im Tripeltakt einfacher und zusammengesetzter Taktart.

Die **Gavotte** ist eine ältere französische Tanzform im Allabrevetakt [d. h. die Halben sind Zählzeiten; der Dirigent schlägt nur zwei Zeiten; das Zeichen für diese Taktart ist ₵. Näheres siehe Musikgeschichte.] Die Gavotte beginnt stets mit ½ Auftakt und schliesst auf einem guten Taktteil. Den Charakter nennt Türk „angenehm, ziemlich munter und bestimmt die Bewegung als eine mässig geschwinde." Manchmal ist der Gavotte als Trio eine

Musette angefügt, welcher die Wiederholung der Gavotte folgt. Die Musette ist der französische Name für den Dudelsack, welche Bezeichnung auf das gleichnamige Tonstück deshalb übergegangen ist, weil dieses festliegende Bässe hat, gleichwie der Dudelsack seine Melodie über immerwährend mittönenden Basstönen erklingen lässt.

Tänze

Passepied ist ein altes französisches Tonstück im Tripeltakte (³/₈ oder meist ⁶/₈ Takt). Dem Menuett ähnlich, doch schneller als dieses und von munterem Charakter, beginnt es meist mit einem Achtel Auftakt. Bach setzt auch dem Passepied I ein No. II gegenüber.

Branle oder Bransle alt-französischer Rundtanz in schneller Bewegung, ursprünglich mit Gesang und einem nach jeder Strophe wiederkehrenden Refrain.

Das **Menuett** (ital. Menuetto) erhielt seinen Namen von dem französischen menu (klein) d. h. ein Tanz mit kleinen Schritten. Es soll aus Poitou stammen und ehemals ein schneller, lustiger Tanz gewesen sein, der sich jedoch im vorigen Jahrhundert verlangsamte und mehr gravitätisch doch graziös, vorgetragen wurde. Das Menuett steht im Tripeltakt (meist ¾ seltener ³/₈). Das Menuetto secondo oder alternativo war das Trio, (das Menuett als Bestandteil der Symphonie, siehe Seite 132) steht dieses dem Hauptsatz gegenüber in Dur, so nennt man es „**Maggiore**", steht es in Moll, „**Minore**",

Doubles nennt man die Variationen der älteren Zeit, welche Taktart und Harmonie nicht ändern, sondern nur die Bewegungsart modifizieren.

Passacaglia, Passecaille (franz.) ist ein alter spanischer oder italienischer Tanz im ungeraden Takt mässiger Bewegung, dessen Melodie über einen basso ostinato gesetzt ist. (In einigen älteren Kompositionen der Art fehlt der Ostinato).

Basso ostinato, d. h. ein „hartnäckiger" Bass, nennt man eine Bassstimme, deren Melodie sich nach 4 oder 8 Takten immerwährend wiederholt. Kunstreicher ist natürlich notengetreue Wiederholung, wenn gleich kleine Veränderungen möglich oder gar beabsichtigt sein können.

Die **Chaconne** (oder Ciaconne) ist von der Passacaglia nicht prinzipiell unterscheidbar. Sie steht gewöhnlich im ¾ Takt

Loure ist gleichfalls ein alter Tanz im Tripeltakt: ³/₄ und ⁶/₄ Takt, langsamer Bewegung, mit dem charakteristischen Rhythmus: ♪ ♩ | ♩. Mit dem Achtel und Viertel im Auftakt beginnend („doch" setzt Türk in seiner Klavierschule 1789 hinzu, „ist das nicht immer der Fall"). Als Regel für den Vortrag gilt es, die punktierten Noten nicht abzusetzen.

Gaillarde (Gagliarda) alte französische Tanzform im Tripeltakt von lebhafterem Charakter, hat 3 Reprisen von 4, 8 oder 12 Takten.

Rigaudon, eine ältere provençalische Tanzform im Allabrevetakt, von munterer Bewegung. Meist besteht er aus drei achttaktigen Reprisen, von denen die dritte im Charakter abstechen soll: Mattheson verlangt für sie eine tiefere Tonlage, damit die anderen sich um so frischer dagegen hervorheben.

Bourrée, altfranzösischer Tanz im $^2/_2$ oder $^4/_4$ Takte, beginnt mit einem Viertel im Auftakt neigt zur Synkopierung des 3. und 4. Viertels. Der Charakter ist munter.

Entrée als Tanzstück gewöhnlich im $^4/_4$ Takt, marschartig; ist auch der Name der alten Ouvertüre.

Die **Suite** ist eine sog. **cyklische Kompositionsform** d. h. eine Aneinanderreihung mehrerer Stücke (selbständiger Tonstücke) zu einem Ganzen, dessen Einheitlichkeit für die älteste Form der Suite, auch **Partite** genannt, in der gemeinsamer Tonart lag:

Allemande Courante Sarabande Gigue

waren ihre Bestandteile. Vor die Allemande trat jedoch öfters ein Präludium, Entrée oder Ouverture mit langsamem ersten und schnellerem zweiten Teil, und zwischen Sarabande und Gigue schoben sich ein oder mehrere **Intermezzi** Bourree, Gavotte, Passepied, Menuett, Loure, Air, (liedartige Komposition) eventuell mit Doubles. — Chaconne oder Passacaglia erscheinen, wenn sie angewandt werden, als Schlusssätze nach der Gigue.

Heutzutage sind die Tonarten der verschiedenen Sätze einer Suite auch verschieden, ausserdem hält sich die **moderne Suite** nicht mehr an die alten Tanzformen, sondern die neueren Orchester-Suiten bestehen mit wenigen Ausnahmen aus einer Reihe mehr oder weniger künstlich gearbeiteter Stücke liebenswürdigen Genres.

Tänze, Suite, Ouvertüre

Das **Divertimento** (franz. Divertissement) ähnelt der Suite als cyklisches Werk mit mehr als vier (5, 6 und mehr) Sätzen, welche jedoch einfacher als bei der Suite gearbeitet waren, auch die **Serenade** in der älteren Form, welche mehrere Menuett-ähnliche und ein oder zwei langsame Sätze — Air (con Variazioni) Adagio oder Andante — von einem Allegro oder Marsch oder einem fugierten Satz begonnen und geschlossen aufweist, gehört in jene Kategorie.

Unter **Liedern** d. h. Gesangskompositionen unterscheidet man **Kunst- und Volkslied**. Ein Volkslied ist entweder ein solches, dessen Dichter und Komponist nicht mehr bekannt sind (im Volk entstanden), oder das in den Volksmund übergegangen ist, da es volksmässig, mithin einfach und leichtfasslich componiert ist, während ein Kunstlied höhere Ansprüche an Stimme und Begleitung stellt.

Ein Lied ist entweder in der Komposition ein **Strophen-Lied**, dessen sämtliche Verse nach einer Melodie zu singen sind, was nicht hindert, vielleicht unter vielen einen Vers trotzdem anders zu gestalten, oder ein „**durchkomponiertes Lied**" dessen Melodie sich genau dem Text anschliesst und bei eventueller Wiederholung eines Verses seine Melodie modifiziert.

Die **Ouvertüre** hat verschiedene Wandelungen durchgemacht; ihr Name sagt, dass sie ein Eröffnungs-Einleitungs-Stück ist. Die älteste Form der Ouvertüre, welche zugleich unter diesem Namen auftritt, wurde von dem Franzosen Jean Baptiste Lully (1633—1687) komponiert. Sie bestand aus 3 Teilen: als Anfang ein langsamer Satz, ein Grave brillanten Charakters, dem ein bewegter zweiter Teil folgte und dann der erste Satz repetiert. Allessandro Scarlatti (1649—1725) jener bedeutende italienische Komponist, welcher die italienische Opernouvertüre — **Sinfonie** genannt — vervollkommnete, begann die Ouvertüre mit einem Allegro-Satz, liess dann einen langsamen Satz folgen und schloss mit einem meist fugierten Allegro. Sinfonie bedeutete seiner Zeit weiter nichts als einen mehrstimmigen Satz. Haendel (1685—1759) war der erste, der

Formenlehre

der Ouvertüre zu dramatischen Werken innere Beziehungen zu dem Werke selbst verlieh und die Teile der Ouvertüre unter sich geistig an einander anschloss. Nach ihm gebührt Gluck (1714—1787) das Verdienst, der Ouvertüre erhöhte Bedeutung als selbständigem Tonstück, wie auch im Zusammenhang mit der Oper gegeben zu haben.

Wir unterscheiden zur Zeit drei Arten von Ouvertüren: 1) Ouvertüren in Sonatenform mit 2 Themen, Durchführung und Repetition, welche mit mehr oder weniger Freiheit der Form der sogenannten **Konzert-Ouvertüren** entspricht, z. B. Beethovens Coriolan-Ouvertüre, Mendelssohns Ruy-Blas-Ouvertüre u. a.; 2) Ouvertüren, welche nach Art der Potpourris eine Auswahl der hervorragendsten Melodien des Gesamtwerkes locker aneinanderreiht: Rossinis Ouvertüren, die modernen Operetten-Ouvertüren von Suppé, Strauss u. a. m.; 3) Ouvertüren, welche mit dem Themenmaterial der Oper gearbeitet sind, dieses aber logischer und zu einem Ganzen abgerundet, (das ihm folgenden Werk charakterisierend) verbinden, z. B. Lohengrin, Freischütz, Hänsel und Gretel u. a m.

Eine **Sonate** nannte man ehedem ein Stück, welches im Gegensatz zu einer Komposition für die menschliche Stimme (eine Cantate - cantare singen) für die Ausführung auf einem Instrument (in der älteren Zeit speciell für Saiteninstrumente und Blasinstrumente, „als Toccata" für Tasteninstrumente) berechnet war. Der erste, welcher den Namen Sonate gebrauchte, war Andrea Gabrieli (ca. 1510—1586) — leider sind seine Sonate a 5 stromenti (Instrumentalstücke für 5 Instrumente) verloren gegangen —). Joh. K u h n a u (1660—1722) war der erste, der die Bezeichnung **Sonate** für eine Klavierkomposition anwandte, während die ältesten Sonaten als Einleitungen für kirchliche Gesangskompositionen anzusehen sind und gleichbedeutend mit Sinfonia oder Ouverture verwandt werden, neben der alten Toccata und Fantasie, welche für die Orgel geschriebene Einleitungsstücke waren. Um 1700 unterschied man schon **Sonata da chiesa** und **Sonata da camera**: die **Kirchensonate** von der

Sonate, Kammermusik

Kammersonate indem für die erste Orgel und Instrumentalchöre die ausführenden Instrumente waren, und für die letztgenannte keine Blasinstrumente vorgeschrieben wurden. Mit der Entwickelung der Streichinstrumente zur Zeit Corellis (1653—1713), welcher für Streichinstrumente auch mit Begleitung des Cembalo (Klavier der damaligen Zeit. Siehe Instrumentengeschichte) Sonaten schrieb, waren die Violin-Sonaten die bevorzugten „Kammersonaten".

Kammermusik im Allgemeinen ist ein solche, die sich für Aufführungen in kleineren Räumen eignet, im Gegensatz zur Konzertmusik mit Orchester oder Chor. Heutzutage nennt man Kammermusik eine Aufführung von Musikstücken weniger Soloinstrumente: Stimmen, Streichinstrumente und Blasinstrumente, oder des Klaviers, oder eines andern Soloinstrumentes, mit oder ohne Begleitung. Da Klangfülle und Instrumentierung bei der Kammermusik nicht so reichhaltig sein können, wie bei der Orchestermusik, so muss die Komposition darauf Rücksicht nehmen; man nennt deshalb eine für Kammermusik geschriebene Komposition im „**Kammerstyl**" geschrieben. Im Kammerstyl treten die einzelnen Instrumente mehr solistisch hervor, die kompositorische Arbeit bevorzugt Details der Nuancierung und Figuration für die einzelnen Instrumente.

Corelli giebt schon einem Teil seiner Sonaten Adagio-Allegro-Adagio-Allegro. Fast um dieselbe Zeit wie Kuhnau in Deutschland, war es Domenico Scarlatti (1683—1757), welcher die Sonate vervollkommnete; er war es, der ihr die Formen des ersten Satzes als Charakteristikum aufstellte und mit und nach ihm waren es Philipp Emanuel Bach (1714—1788) der genialste der Söhne Joh. Sebastian Bachs, Joseph Haydn, Mozart und Beethoven, welche Form und Inhalt unvergänglich gestalteten. Die Meister schrieben Sonaten für die mannigfaltigsten Soloinstrumente und Ensembles, Trios, Quartette u. s. w. und die Uebertragung der Sonate für Orchestermusik liess den ersten Satz der Symphonie entstehen. Die Sonate als cyklische Form ist also hervorgegangen aus der alten Suite und der dreiteiligen

Ouvertüre: die Suite gab ihr das Aneinanderreihen verschiedener Sätze, und aus der Ouvertüre entwickelte sich der Hauptsatz der Sonate.

Unsere heutigen Sonaten haben gemeiniglich folgende Form: sie bestehen aus 3 oder 4 Sätzen; der erste Satz, der für die Sonate wichtigste, ist ein Allegro.

Der zweite Satz bringt ein Adagio, Andante, Largo, Grave oder Thema mit Variationen. Der dritte Satz ist ein Menuett oder Scherzo mit Trio. (Adagio und Menuett wechseln auch ihre Plätze). Der vierte Satz „Finale" ist schnell oder sehr schnell: Allegro oder Presto, oder ein Thema mit Variationen, auch ein Rondo, oder aber eine Fuge. Der Final-Satz ist in der Konstruktion oft dem ersten ähnlich.

Der erste Satz der Sonate, der wichtigste, enthält ein charakteristisches Hauptthema in der Tonica, ihm gegenüber tritt ein zweites Thema, welches mit einem Uebergang an das erste angeschlossen ist und den ersten Teil des Satzes bis zum Doppelstrich abschliesst. Der zweite Teil des ersten Satzes verwendet das Hauptthema ganz oder teilweise zu einem Mittel oder Durchführungssatz. In diesem Durchführungssatz werden entfernter liegende Tonarten berührt, das harmonische Element überwiegt oft das melodische. Dieser Teil des Satzes führt zum Hauptthema zurück, dem das zweite Thema in der Haupttonart (vorher stand es gewöhnlich in der D.od.Tp.) folgt. Eine Coda schliesst den Satz ab.

Die Gliederung kann durch Auftreten eines dritten Themas, selbständiger Zwischensätzchen einer Einleitung, von Schlussanhängen u. s. w. eine reichere werden, wie dieses Beethovens Sonaten fast durchgängig beweisen.

Sonatine nennt man eine kleine, leichtverständliche und leicht ausführbare, meist zwei oder dreisätzige Sonate.

Zwei Formen, die als Bestandteile der Sonate genannt wurden, aber ebenso gut selbständige Kompositionen bilden können, sind das „Rondo" und „Thema mit Variationen".

Sonate, Rondo, Variationen

Das **Rondo** (Rondeau, französ.) hätte füglich nach der Entwicklung der Liedform am Anfang der angewandten Formenlehre besprochen werden können, wenn nicht die Betrachtung der Tanzformen Schritt für Schritt weiter geführt hätte, und als Keim bedeutender Formen hätte weiter verfolgt werden müssen. Auch das Rondo war ursprünglich ein Tanz und zwar mit Gesang. Der Name Rondo, deutsch Radel, deutet auf einen Rundgesang mit Refrain. Das Alternierenvon Solist und Chor der den Refrain jenem gegenübersetzt, enthält den Keim zur Rondoform: es ist das Festhalten eines Hauptgedankens, motiviert durch Zwischen- und Gegensätze.

Türk beschreibt das Rondo folgendermassen: Rondo (Rondeau = Zirkelstück), beim Singen der Rundgesang, ist ein einzelnes Tonstück, dem ein kurzer Hauptsatz von einem zärtlichen, munteren, tändelnden Charakter zum Grunde liegt. Nach jedem Zwischensatz (Couplet), deren ein Rondo oft zwei, drei und mehrere hat, wird der Hauptsatz wiederholt. Dass dieses nicht immer im Haupttone selbst geschehen müsse — Türk meint damit in der Haupttonart — sondern in verschiedenen Nebentönen stattfinde, hat E. Bach in seinen Rondos gezeigt.

Das Wesentliche an der Rondoform sind mithin die Wiederholungen des Hauptgedankens, denen mehr als ein Nebenthema gegenübertritt.

Thema mit Variationen. Ein Thema variieren heisst dasselbe melodisch, harmonisch und rhythmisch verändern, doch so, dass das Thema in irgend einer Weise zu erkennen ist. Die alten Doubles, deren wir schon gedachten, variierten das Thema mit wenig Freiheit, während schon Haydn, dann aber Mozart und Beethoven die einzelnen Variationen eines Thema's weit individueller gestalteten, in Tonart und Taktart wechseln liessen, das Thema gleichsam als Nebensache einer andern Gegenmelodie als Hauptmelodie unterordneten u. s. w.

Es giebt unzählige Arten der Variationen; nur darf da Thema selbst nicht zu kompliziert sein, um die Fasslichkeit der

Veränderungen nicht zu schädigen, und muss interessant genug sein, um trotz vielmaliger Ueberarbeitung zu fesseln.

Das Thema zu Variationen bildet gewöhnlich ein Sätzchen aus 8 oder 16 Takten mit Wiederholungen, es kann eine Kadenz enthalten, auch wird ihm oft eine Coda angehängt. Das Thema mit Variationen bildet entweder den Satz eines cyklischen Werkes, oder ist eine selbständige Komposition.

Die Symphonie bezeichnete ursprünglich einen kurzen Instrumental-Einleitungssatz vor Opern (Anfang des XVII. Jahrhunderts). Aus dieser Ouverture der italienischen Oper mit ihren drei Sätzen, einem langsamen Satz zwischen zwei Allegro-Sätzen, entwickelte sich die Symphonie. S a m m a r t i n i (Giovanni Batista, um 1750 in Italien lebend), in mancher Hinsicht ein Vorgänger Haydn's, und andere komponierten ihre Symphonien nach jenem Schema. **Haydn** gab der Symphonie das Menuett, mit der von Keinem übertroffenen Naivetät, Schalkhaftigkeit und Grazie und übertrug den „Sonatensatz" d. h. die entwickeltere thematische Durcharbeitung auf die Symphonie. **Mozart** und **Beethoven** vertieften den inneren Gehalt dieser Formen; der letztgenannte entwickelt aus dem Menuett das **Scherzo** und wirkte noch insofern bahnbrechend, als er es unternahm, einen Vokalsatz mit Soli, Ensemble und Chor in seiner unsterblichen „IX." einzufügen. In ähnlicher Weise haben **Schubert, Schumann, Mendelssohn, Raff** und in neuester Zeit **Johannes Brahms** die alten Formen mit der Individualität ihres Kunstschaffens durchgeistigt, wenn auch nicht weiter entwickelt.

Scherzo. Das soeben als Schöpfung Beethovens erwähnte und seit seiner Zeit in der Symphonie heimisch gewordene Scherzo ist im Charakter dem Menuett Haydns und Mozarts, aus dem es hervorging, ähnlich, denn es ist ebenfalls ein leichter und humorvoller Satz, doch sind seine Themen kurzatmiger und energischer, dabei aber wieder bedeutender im Inhalt und das Scherzo steht nicht ausschliesslich im Tripeltakt. Scherzo kann als selbständige Komposition im Übrigen jeder

Symphonie, Scherzo, Konzert, Messe

Satz humoristischen, burlesken oder heiteren Charakters ohne bestimmte Form heissen.

Konzert. Das Wort Konzert (vom lat. concertare = wetteifern), entstand im 16. Jahrhundert zu einer Zeit, in welcher die Instrumentalmusik sich von der Vocalmusik loslöste und man begann mehrere Singstimmen mit Begleitung zu versehen, oder mehrere Instrumente gleichwertig solistisch behandelt, gleichsam gegen einander streiten zu lassen. Ludovico V i a d a n a (eigentlich Ludovico Grossi, zu Viadana geboren, 1564—1645) schrieb als erster concerti da chiesa (Kirchenkonzert) für 1, 2, 3 und 4 Stimmen mit Orgelbass. Giuseppe T o r e l l i (1708 †), schreibt concerti da camera (Kammerkonzert) und concerti grossi, welche neben den konzertierenden zwei Violinen (den Solo-Violinen) als Begleitung zwei Violinen, Viola und Continuo (bezifferte Instrumentalstimmen im Bass, siehe Musikgeschichte S. 52) beschäftigten. Die konzertierenden Instrumente, deren Zahl später auf drei (und mehr) wuchs, bildeten das Concertino (d. h. das kleine Konzert) gegenüber den Begleitinstrumenten (dem Concerto), deren Zahl allmählich bedeutend erweitert wurde.

Heutzutage hat das **Konzert** ein Solo-Instrument (seltener zwei), meist mit Orchesterbegleitung. (Sind es zwei Instrumente, z. B. Konzert für zwei Violinen, zwei Klaviere, zwei Oboen u. s. w., so fehlt oft die Begleitung). Die Form des Konzertes ist im allgemeinen die der Sonate. Die Solo-Instrumente sind virtuos behandelt. Die melodische (aufgehaltene) Kadenz (siehe S.119) ist meist stark entwickelt.

Bei der Bezeichnung **Konzert** für **Musikaufführung** unterscheidet man Instrumental-, Vokal- (mit Gesangswerken) und Kirchen-Konzerte (mit geistlicher Musik) — auch Oratorien-Konzerte. Kammermusik-Konzert: siehe unter Sonate die Anmerkung.

Die **Messe. Missa.** Der Name Messe, mit welchem man den Teil des katholischen Gottesdienstes bezeichnet, während dessen das heilige Abendmahl eingesegnet wird, rührt von den Worten des das heilige Abendmahl segnenden Priesters

Formenlehre

her, welcher die an dem Abendmahl nicht Teilnehmenden mit den Worten „Ite missa est", d. h. „Geht, ist entlassen!" [wobei zu ergänzen ist: ecclesia = die Versammlung] zum Verlassen der Kirche aufforderte.

Die Messe ist eine alte Kunstform, deren Blütezeit in das XV.—XVI. Jahrhundert fällt, doch hat bereits Gregor der Grosse (590—604 Papst), den musikalischen Teil der Abendmahlsfeierlichkeit geregelt. Die Gesänge wurden in dieser ältesten Zeit nach den von Gregor zusammengestellten Melodien [Gregor hat einen Teil derselben den Überlieferungen nach gesammelt, geordnet, aber nicht komponiert], im Unisono gesungen; mit der Entwickelung der mehrstimmigen Musik war es ganz besonders die Messe, um deren kunstvolle Gestaltung sich die Meister (des XV.—XVI. Jahrhunderts) verdient machten.

Kein Komponist der damaligen Zeit von Bedeutung hat es sich entgehen lassen, mehrere Messen zu komponieren, welche gerade in jener Zeit, XV.—XVI. Jahrhundert, Prunkstücke der Satzkunst wurden.

Die Hauptteile der Messe sind dem lateinischen Text[1]) bezw. den Textanfängen nach folgendermassen benannt:

I **Kyrie.** Dreiteilig: Kyrie eleison.
II. **Gloria.** Gloria in excelsis deo etc. Luk. II. 14.
III. **Credo.** Credo in unum deum etc.
IV. { **Sanctus.** Sanctus dominus deus Sabaoth etc.
{ **Benedictus.** Benedictus qui venit etc.
V. **Agnus dei.** Agnus dei, qui tollis peccata mundi etc.

Man unterscheidet Missa, Missa solemnis, feierliche oder hohe Messe, welche an hohen Festtagen ausgeführt wird und missa brevis: nur aus Kyrie und Gloria bestehend und in der

---

[1]) Die ältesten uns erhaltenen niederländischen, französischen und deutschen Messen haben als Grundlage ein Volkslied oder eine Choralmelodie (Motive aus solchen), über welche das Stimmengewebe gearbeitet ist, wodurch Popularität und kompositorische Einheitlichkeit des ganzen Werkes erzielt wurde. Später wurden die durch die Kirche sanktionierten canti firmi des Gregorianischen Gesanges die Unterlage.

Messe, Requiem, Oratorium

Form auch im protestantischen Gottesdienst gebräuchlich. Eine Messe ohne Orgel oder Orgelbegleitung heisst missa a capella. [Ein **Missale** ist das Buch, in welchem der liturgische Gottesdienst der katholischen Kirche enthalten ist.]

Missa pro defunctis oder **Requiem** ist die Messe zum Gedächtnis Verstorbener. Ihre Einteilung ist folgende:

I. **Requiem. — Kyrie.** II. **Dies irae.** III. **Domine Jesu Christi.** IV. **Sanctus. — Benedictus.** V. **Agnus dei. Lux aeterna.**

Gloria und Credo fehlen der Messe und dafür tritt vor das Kyrie das Requiem, die Bitte um Ruhe für die im Herrn Entschlafenen, ferner kommen hinzu das „Dies irae, dies illa" u. s. w. Der Hinweis auf das letzte Gericht und „Lux aeterna" = von der ewigen Seligkeit.

<small>Beispiele hervorragend schöner Messekompositionen sind abgesehen von denen, vor Palaestrinas Zeit (1514—1594 in Italien) die „Missa Pape Marcelli" dieses Meisters, Mozarts „Requiem", Bachs „H-moll-Messe", Beethovens „Missa solemnis" und das deutsche Requiem von Brahms.</small>

Das Oratorium. Der 1551 zu Rom als Priester angestellte Philippo Neri gründete für biblische Vorträge Versammlungen, welche in dem Betsaal des Klosters San Girolamo und später Santa Maria abgehalten wurden und zog die Musik in die Congregazione dell' oratorio [Versammlung Betsaal], indem ihm Animuccia, Palaestrina, Nanini und andere die Musik zu biblischen Texten, sogenannte „Laudi" (Lobgesänge) schrieben, zu denen wohl Darstellungen aus der biblischen Geschichte vorgeführt wurden, an deren Stelle später abstracte Begriffe und Personifizierungen traten. Cavalieres (ca. 1550) Rappresentatione di anima e di corpore [Darstellung von Geist und Körper] wird als erstes Oratorium betrachtet. Es bestand aus Chören und Soli, doch waren die letztgenannten recitativisch angelegt und, das war das Neue daran: auf der Basis bezifferter Bässe, welche die Harmonie fixierten. Man nannte den so bezifferten Bass **Generalbass.** [Generalbass - Bezeichnung S. 182]. Die Begleitung waren Saiteninstrumente: Lauten, Gamben u. a. oder Cembalo (Klavier) und die dargestellten Personifikationen agierten auf einer Bühne. Diese Form wurde von der

Formenlehre

Nachfolgern Cavalieris festgehalten und erst **Carissimi** (1604–1674) lässt die scenische Darstellung fallen und führt den Erzähler ein. **Haendel** (1685–1759) baute auf der Errungenschaft dieses Vorgängers auf und schuf Unsterbliches und für alle Zeiten Massgebendes in seinen Oratorien. **Bach, Haydn, Mendelssohn, Schumann** und Andere wandten sich der Kunstform des Oratoriums ebenfalls zu, ohne sie jedoch anders zu gestalten.

Seinem Inhalt nach unterscheidet man das geistliche und und das weltliche Oratorium, indem das eine biblische oder religiöse Stoffe, das andere erhabene weltliche Stoffe der Musik unterlegt.

Unser **heutiges Oratorium** hat eine Ouverture und besteht aus Solo-Arien, Recitativen, Solo-Ensemblesätzen und Chören, ausnahmsweise mit a capella Piecen [Mendeissohn Engelquartett]. Die Dramatik, soweit solche angebracht, liegt, da eine scenische Darstellung nicht stattfindet, lediglich in der Musik.

Die Passion ist der Name für musikalisch-dramatische Darstellungen der Leidensgeschichte Christi, welche schon im frühen Mittelalter aufkamen und in der Charwoche aufgeführt wurden, wie weit dabei die Musik die Handlung unterstützte oder unterbrach, lässt sich nicht mehr nachweisen. Die katholische Kirche aber besass, an die Manier des Gregorianischen Gesangs [siehe Musikgeschichte Seite 46] anknüpfend, eine Art Recitation der Leidensgeschichte, welche auch teilweise in die evangelische Kirche überging.

Ein Beispiel davon ist in Keuchenthals Gesangbuch, welches uns eine grösstenteils recitierend angelegte Melodie mit 4 stimmigem Einleitungs- und Schlusschor, und 4 stimmige Partien, in denen das Volk oder die Jünger reden, aufweist.

Bei Bartolomaeus Gesius (1555–1613) sehen wir einen weiteren Fortschritt, insofern er Betrachtungen „Erhebet euere Herzen" „Dank sei dem Herrn" u. s. w. dem Chor in den Mund legt. Der Evangelist ist eine Tenorpartie, Petrus und Pilatus reden durch ein Terzett, die Reden Christi sind in Form on Quartetts u. s. w. Heinrich Schütz (1585–1672) erwarb

Oratorium, Passion, Kantate

sich ein unsterbliches Verdienst dadurch, dass er warmes subjektives Empfinden in seine Tonwerke hineintrug und Form und Inhalt ausdrucksfähiger gestaltete, indem er Mehrstimmigkeit und Chor sinngemäss nur bei einer Mehrheit von Personen anwandte, während sein Christus von einer Baryton-Stimme interpretiert wird. Die Arien sind auch nicht mehr recitativisch, wie bei seinen Vorgängern, sondern melodiös breiter concipiert Zu der Passion eines Joh. Seb. Bach fehlen u. a. noch die Choräle, welche Johann Sebastiani (geb. 1622) arienartig mit Violinbegleitung, einflocht. Die Vollendung der Passionskomposition ist in **Bach** zu erblicken; in der Bach'schen Passion finden wir schliesslich noch die kontemplativen Arien und Chöre einer idealen Gemeinde (der sog. Zionsgemeinde).

Die Kantate war in älterer Zeit, der Name für Tonstücke, welche gesungen wurden. Für ausgedehntere Gesänge, mit Soli und recitirendem Gesang kam die Bezeichnung nach 1600 auf, ohne indess schon etwas von dem Charakteristikum unserer heutigen Kantate zu zeigen. Man unterschied seit **Carissimi** (1604—1674) von der Cantata di chiesa, die Cantata di Camera. Die Kantaten, welche jener Meister zu zwei und drei Stimmen und wenigen obligaten (selbständigen) Begleitinstrumenten setzte und deren Recitation er wesentlich belebte, bedeuteten jedoch mehr einen Fortschritt allgemein musikalischer Beziehung, als dass er mit ihnen unserer heutigen Kantate wesentlich näher gekommen wäre. Die **heutige Kantate,** bestehend aus Recitativen, Arien, Duetten, Terzetten etc. und Chören mit orchestraler Begleitung, welcher eine wichtige Rolle zuerteilt ist, denn das Orchester tritt auch gelegentlich selbstständig als Sonata oder Symphonie (Ouvertüre) auf, verdanken wir erst **Joh. Seb. Bach,** dessen Kirchen-Kantaten sowohl in grandiosem Styl (zum Teil sogar mit der Bezeichnung Kirchenkonzerte) in zwei Teilen mit Orchester-Einleitungen, als auch in bescheidenerem Umfang für eine einzelne Stimme angelegt sind.

Die Kantaten sind inhaltlich mit Ausschluss des dramatischen und epischen Elements — soweit ein Ausschluss des dramatischen überhaupt möglich, — Ausdruck einer Stimmung, welche im Choral und Chor sich konzentriert, indem die Subjektivität der Solisten auch nur eine Mehrheit vertritt.

Motette. Das Wort wird von Walter Odington (um 1225 als „brevis motus cantilenae" (kurze Bewegung im Gesang) definiert. Die alte Motette (der Motetus) ist eine mehrstimmige Vokalkomposition, deren Tenor — der damaligen Hauptstimme — ein dem Gregorianischen Choral entnommenes Motiv zu Grunde lag.

Dass Motetten mit Begleitung geschrieben wurden, ist Seltenheit und kommt nur kurz nach 1600 vor, der Zeit der Erfindung der begleiteten Monodie, in welcher auch Motetten für 1 Stimme geschrieben wurden. Der alte Motetus war übrigens ausschliesslich 3-stimmig.

Der Text für die Motette ist biblischen Inhalts. Meister der Motette sind **Orlando di Lasso** (1520—1594), **Palaestrina** (1514—1594) und Joh. Seb. Bach, welcher auch den Choral in die Motette aufnahm.

Aria, Arie nennt man ein mit Orchester begleitetes Sologesangstück grösseren Umfangs aus Oper, Oratorium, Messe oder Cantate; wenn als Einzelkomposition für den Konzertvortrag berechnet: **Konzert-Arie**. Die sogenannte **Bravour-** oder **Koloratur-Arie** ist eine Arie, welche mit Rücksicht auf das Hervortreten der Technik (Kehlfertigkeit) der Solisten geschrieben ist. Die **„Grosse"** oder **„Da-Capo-Arie"** besteht aus zwei Hauptteilen, deren erster der Technik Konzessionen macht und in dem Stimmungsgehalt mit dem zweiten, ruhigeren kontrastiert; dem zweiten folgt das Da-Capo des ersten Teils mit noch reicheren prunkvolleren Verzierungen.

Eine Arie kleineren Umfangs nennt man **Arietta** oder **Cavatine**, welche sich vom Liede nicht unterscheidet und auch im Original mit Klavierbegleitung möglich ist.

Die Grundstimmung einer Arie ist eine lyrische, was jedoch nicht hindert, dass sie hochdramatisch werden kann.

Unter **Recitativ** (vom lateinischen recitare = erzählen) versteht man eine Gesangsweise, welche in engem Anschluss an das gesungene Wort, dieses bezüglich seines natürlichen Tonfalls und seiner gegebenen Accentuation, in erster Linie hervortreten lässt und es charakterisiert, während das melodische Element nur insoweit berücksichtigt wird, als es Mittel zum Zweck ist; man könnte das Wort Recitativ mit „Sprach-Gesang" verdeutschen. Eine Komposition, welche nach diesen Prinzipien angelegt ist, nennt man sodann in übertragenem Sinne selbst ein Recitativ.

Das Melodrama ist eine Komposition ohne bestimmte Form, welche als Begleitmusik zu einem gesprochenen Text ausgeführt wird. Jean Jacques Rousseau ist, so viel bekannt der erste, welcher diese Kunstgattung kultivierte; Benda (1721—1795) hat in Deutschland die ersten Melodramen komponiert. Melodramatische Scenen kommen auch in Opern und häufiger in Musiken zu dramatischen Werken vor.

Kapitel 3.

Der Kontrapunkt und seine Formen. — Kanon, Fuge, Fughette.

Kontrapunkt[1]) nennt man eine Kompositionsweise, in der mehrere Melodien (Stimmen) zu einem wohltönenden Ganzen vereinigt werden, ohne dass die **Selbständigkeit der einzelnen Stimmen** darunter leidet. — **Begleitungen**, wie sie die meisten Tänze, Märsche, Volkslieder u. a. aufweisen sind meist **nicht** kontrapunktisch gearbeitet, sondern nur unselbständiges harmonisches Füllsel — Es kann sehr wohl eine einfach klingende zweihändige Klavierkomposition kontrapunktisch gearbeitet sein, während ein kompliziert erscheinendes Orchesterwerk keine kontrapunktische Schreibweise zu enthalten braucht. Eine Komposition braucht auch nicht vom ersten bis zum letzten Takt kontrapunktisch durchgeführt zu sein, sie kann eventuell nur stellenweise kontrapunktische Schreibart enthalten, oder es sind

---

[1]) punctus contra punctum d. h. Note gegen Note.

Formenlehre

z. B. zwei selbständige Stimmen und eine oder mehrere Füllstimmen vorhanden, welche die Harmonie ergänzen.

Der imitierende (d. h. nachahmende) Kontrapunkt, bei welchem eine Stimme die Melodie einer vorhergehenden wiederholt (mehr oder weniger getreu), während die erste Stimme daneben weitergeführt wird, ist schon im XIII. Jahrhundert bekannt, wenngleich der Name Kontrapunkt als Bezeichnung mehrstimmiger Satzweise erst im XIV. Jahrhundert aufkommt. Die Mehrstimmigkeit datiert in ihren Anfängen aus dem IX. Jahrhundert und ging (Siehe Seite 53) allmählich aus steifem Schematismus in freiere Stimmführung über, bis eine vollständige Selbständigkeit der einzelnen Stimmen, eine Komposition, dieselben gleichsam miteinander konzertierend als gleichberechtigt hinstellt.

Philipp von Vitry, ein bedeutender Theoretiker des XIII. bis XIV. Jahrhunderts ist der erste der klar und scharf Stimmführungsregeln aufstellt Simon Dunstede (1369 †) desgleichen, undGioseffo Zarlino giebt 1558 in seinen „Istitutione harmoniche" die verschiedenen Arten des Kontrapunkt (doppelter Kontrapunkt u. s. w.) und Kanon an.

Kanon nennt man eine Schreibweise, in welcher die Stimmen nicht gleichzeitig sondern nacheinander dieselben Melodien bringen, sei es, dass die Intervalle sklavisch nachgeahmt werden, oder dass durch Versetzen der Melodie in eine andere Tonart, diese modifizierend auf die Intervallschritte einwirkt. Jenachdem nun die zweite Stimme mit der Nachahmung (Repetition) der ersten mit demselben Ton, d. h. im Einklang, oder eine Sekunde oder Quarte oder Quinte oder Oktave u. s. w. höher oder tiefer als die zuerst beginnende Stimme einsetzt, spricht man von einemKanon im Einklang, in der Unterquinte, in der Oberquarte in der Oktave u. s. w. Im XV—XVI Jahrhundert komplizierte man die kanonische Schreibweise bis ins Unendliche. Der Name Kanon stammt aus dem griechischen κανών=Gesetz Norm, weil die alten Kontrapunktisten nicht die Komposition vielstimmig ausschrieben, sondern nur eine Stimme und diese

Kontrapunkt, Kanon

mit einer Vorschrift (dem Kanon) für die Entwickelung mehrerer Stimmen aus dieser einen versahen.

Z. B.: **Kanon in der Oktave** d. h.: die zweite Stimme bringt im Abstand einer Oktave die genaue Wiederholung der ersten.

Der Spielarten des Kanon giebt es sehr viele, die in alten Lehrbüchern mit grosser Umständlichkeit beschrieben werden, aber nie grössere Bedeutung durch sich selbst erlangt haben, ebenso wie die unzähligen Arten der Kontrapunkt-Manieren. Ist ein Kanon so beschaffen, dass sein Ende wieder in den Anfang zurückführt und so ohne Ende (ad infinitum) weitergehen kann, so nennt man ihn einen Kreis oder Zirkel-Kanon, oder unendlichen Kanon, andernfalls einen endlichen. Einen Zirkelkanon per tonos nennt man ein solchen, bei dem die Wiederholungen immer um ein bestimmtes Intervall höher oder tiefer einsetzen und ohne Ende weitergeführt werden können.

Formenlehre

Der doppelte Kontrapunkt, der wichtigste von allen, stellt einem **cantus firmus** d. h. der Stimme, welche als Hauptstimme fungiert, eine zweite Stimme der Art gegenüber, dass man ohne den Wohlklang zu stören, oder die Gesetze der Kontrapunktik zu verletzen, beide Stimmen in ihrer Stellung zu einander umkehren, d. h. die obere (höhere) zur unteren (tieferen) oder umgekehrt machen kann, woraus der Mannigfaltigkeit in der Melodieentwicklung eines Satzes grosse Vorteile erwachsen.

Z. B.: Kontrapunkt I und Kontrapunkt II sind genau dieselben Melodien, nur in verschiedenen Oktaven. Dieselbe Melodie ist einmal als Oberstimme (Cantus firmus und Kontrapunkt I sind zusammen zu spielen) aber auch als Unterstimme möglich (dann ist Cantus firmus und Kontrapunkt II zusammengehörig).

Doppelter Kontrapunkt, Fuge

Die Fuge.[1]) In der Fuge tritt ein Thema auf, das von andern Stimmen der Reihe nach aufgenommen und später kunstvoll verarbeitet wird.

Fuga war schon im XVI. Jahrhundert der Name der strenger kontrapunktisch imitierenden Sätze, besonders des Kanon, während die freier kontrapunktisch erfundenen Kompositionen den Namen **Ricercae** [vom Italienischen ricercare = wieder aufsuchen (nämlich das Thema)], oder noch allgemeiner **Toccata,**[2]) **Sonata, Fantasia** aufweisen. Erst später wurde der Name **Ricercae** oder Ricercata die Bezeichnung für eine besonders kunstvoll gearbeitete Fuge (seit dem XVIII. Jahrh.).

Die Fugen teilt man danach ein, welches Intervall der Einsatz der zweiten Stimme gegen den der ersten bildet, indem man dann von Fugen im Einklang, in der Sekunde, Terz, Quarte, Quinte u. s. w. spricht; oder man betrachtet die Art der Bewegung der zweiten Stimme gegenüber der ersten, da das Thema z. B. in gleicher Bewegung oder in Gegenbewegung u. s. w. in der zweiten Stimme einsetzen kann und spricht dann von einer Fuge in der gleichen oder Gegenbewegung; oder

---

[1]) (Aus dem Lateinischen fugare = jagen, oder fugere = fliehen).

[2]) Die Toccata entwickelte sich zur typischen Form, indem sie gewöhnlich mit einigen vollen Accorden begann, denen Passagen mit eingestreuten figurierten Sätzchen folgten. Die **moderne Toccata** (von Bach und Späteren) ist ziemlich **voll**stimmig gesetzt und bevorzugt kurze **Notenwerte.**

Formenlehre

schliesslich ist die Geltung der Noten massgebend für den Namen der Fuge: erscheinen nämlich die Notenwerthe der zweiten Stimmen der ersten Aufstellung des Themas gegenüber vergrössert, so nennt man die Fuge eine vergrösserte = **fuga per augmentationem**, in entgegengesetztem Fall eine verkleinerte = **fuga per diminutionem**.

Fuge

Unsere **heutige Fuge** ist die sogen. „Quintfuge", weil das Wiederauftreten des Themas regulär in der Quinte erfolgt oder in der Quarte, d. h. in der Unterquint (siehe Umkehrung der Intervalle Seite 94). Diese Fuge hat sich zu ihrer heutigen Form im XVII. Jahrhundert entwickelt und Joh. Seb. Bach ist in ihr der wohl für alle Zeiten unübertroffene Meister. [Für die Vokal-Fuge muss der Name Haendels genannt werden].

Eine jede Fuge lässt folgende Stücke ihrer Bauart unterscheiden:

1) den **Führer**, Haupt- oder Vordersatz, subjectum (lat.), sujet (franz.) guida, sogetto, proposta (ital.) gewöhnlich dux (lat.), es ist der Teil der Komposition, welcher die Fuge beginnt und grundlegend ist;
2) den **Gefährten**, Nachsatz, gewöhnlich comes (lat.) oder risposta, conseguenza (ital.), réponse (franz.), die dem Führer ähnliche Wiederholung in einer zweiten Stimme;
3) die **Gegenharmonie**, freie Gegenstimme, Gegensatz, contrasubject: es ist die sich (gewöhnlich mit Eintritt der Gefährten) an den Führer anschliessende Melodie, welche mit dem Gefährten einen zweistimmigen Satz bildet;
4) die **Zwischenharmonie** ist während des Schweigens des Fugensatzes der Zwischensatz, welcher zu neuen Fugierungen der Themata hinüberleitet;
5) **Widerschlag**, Durchführung, repercussio (lat.), ist die Ordnung, in welcher Führer und Gefährte im Verlauf einer Fuge auftreten;
6) die **Engführung** (Stretto) nennt man das wechselweise schnelle Einsetzen von Führer und Gefährten in allen möglichen Kombinationen.

Fuge

Beispiel der Benennung einer Fuge nach dem Intervall in dem die zweite Stimme folgt.

Fuge in der Quinte

Fuge in der Septime.

Die Intervallzahlen bei dem Namen einer **Fuge** werden von der beginnenden Stimme ab bei einer **Fuge** immer **aufwärts** gerechnet, man spricht also von einer Fuge in der Quinte (nicht Unter-Quarte) und von einer Fuge in der Septime (nicht in der Unter-None). Bei einem **Kanon** hingegen giebt es z. B. einen Kanon in der Unterseptime u. s. w.

Bei beiden ist es übrigens für die Namenbezeichnung nach Intervallen gleichgültig, ob das Genannte Intervall in derselben Oktave oder in einer andern Oktave die Melodie nachahmend beginnt.

Beispiel einer Fuge.

J. S. Bach. (Wohltemp. Klav. Fuge II.)

Formenlehre

Einsatz der 3. Stimme: Dux.

Beispiel einer **Engführung** mit einem Thema J. S. Bachs (aus der Fuga I des Wohltemp. Klav.)

Thema (Dux) der Fuge:

Im Verlauf der Fuge findet sich folgende Stelle in welchen die fortwährenden Stimmeinsätze durch das Wort Thema gekennzeichnet sind:

Thema (mit verlängerter erster Note.)

Fuge

In der Fuge sind alle vorher erwähnten kontrapunktischen Kunststücke (Veränderungen der Melodie-Bewegung, der Notenwerte und der Intervallfolgen) denkbar, wozu vor allen Dingen noch kommt, dass es nicht nur 2 sondern auch 3, 4, 5 stimmige Fugen giebt, von denen die letztgenannte Art z. B. 120 verschiedene Änderungen von dux und comes gestattet, der möglichen Freiheiten gar nicht zu gedenken Doch selbst eine kleine Zahl der Möglichkeiten, welche eine einzelne Fuge nur bieten kann, ist im Stande die Fuge zu einem ausserordentlichen Kunstwerk zu machen, umsomehr, als der Komponist in verhältnismässig engen Formen frei und ungezwungen gestalten soll.

Doppelfuge nennt man eine Fuge mit zwei Themata, welche beide für sich durchgeführt werden, wobei dann aber bei einer dritten Durchführung Thema 1 den Kontrapunkt von Thema 2 bildet. [Es giebt auch Tripelfugen].

Eine **Fughette** ist eine kleine Fuge.

Fugato nennt man ein fugiert gearbeitetes Musikstück, welches jedoch keine reguläre Fuge ist; man findet ein Fugato oft, wenn nicht als selbständiges Tonstück, so als Durchführungsteil in Sätzen cyklischer Kompositionen.

IV. Die im Orchester gebräuchlichen Instrumente und die Instrumentation.

(Die Orchester-Partitur und das Partiturlesen).

Kapitel I.
Die Orchester-Instrumente.

Das Wesen jedes Musik-Instrumentes besteht darin, dass ein elastischer Körper (Saite, gespannte Haut, oder, wie bei den Blasinstrumenten, eine Luftsäule) in Schwingungen versetzt wird, die sich auf einen andern Körper, welcher die Fähigkeit besitzt, in Mitschwingungen zu geraten, den sogen. Resonanz-Körper (bei den Streich-Instrumenten der Korpus und die in ihm eingeschlossene Luft, bei dem Klavier der Resonanzboden, bei Blasinstrumenten das Instrument selbst) übertragen. Ohne einen solchen würde der Ton dünn und kurz lauten. Erst dadurch, dass der Resonanzboden zum Mitschwingen gebracht wird, werden die vom Tonerzeuger entstandenen Schallwellen in grösserer Stärke der umgebenden Luft und damit unserm Ohr mitgeteilt, so dass ein Ton erst durch den Resonanzkörper seinen vollen Klang erhält.

Die Klangfarbe. Wenn wir uns irgend einen Ton zuerst von einer menschlichen Stimme gesungen, dann denselben auf einer Oboe geblasen und schliesslich auf dem Klavier angeschlagen denken, und alle drei Töne in gleicher Stärke zugleich ertönen lassen, so werden wir dennoch im Stande sein, jene drei als neben einander existierend zu unterscheiden. Die Eigen-

tümlichkeit, welche jeden der Klänge charakterisiert, nennt man
Klangfarbe. Die Klangfarbe ist das Resultat der Zusammensetzung eines Klanges: des Fehlens oder Vorhandenseins, der Verstärkung oder Dämpfung von Obertönen (Siehe S. 91) neben dem Grundton. [Dasselbe gilt von den verschiedenen Klangfarben der Vokale, welche die menschliche Stimme anzugeben vermag].

Die Untersuchungen haben zu folgenden Resultaten geführt:
1. Einfache Töne (Klänge ohne Obertöne) bezw. solche mit wenigen oder schwachen Obertönen z. B. Stimmgabeln, weite gedeckte Orgelpfeifen, Flöten, klingen weich und angenehm ohne Rauheit, aber nicht kräftig, und in der Tiefe dumpf.
2. Klänge, welche in mässiger Stärke eine Reihe von Obertönen bis zum 6. hören lassen, sind klangvoll und haben denen unter No. 1 gegenüber etwas prächtiges, z. B. Klavier, offene Orgelpfeifen.
3. Klänge, welche Obertöne über den 6. hinaus (höhere Obertöne) hören lassen, klingen schärfer, rauher, z. B. bei den Blechinstrumenten, sind sie jedoch schwächer, so begünstigen sie die Ausdrucksfähigfähigkeit, z. B. Klang der Streichinstrumente, Zungenpfeifen, die menschliche Stimme.
4. Klänge mit nur ungradzahligen Obertönen haben etwas Hohles im Klang; wenn der Grundton hervortritt, klingen sie voll, leer, wenn er zurücktritt, und bekommen bei einer grösseren Anzahl solcher Obertöne einen näselnden Charakter; z. B. Klänge der in der Mitte angeschlagenen Klaviersaiten, der Klarinette u. s. w.

Das Material eines Instruments kommt erst in zweiter Linie in Betracht, doch kann ihm ein Einfluss auf den Klangcharakter nicht abgesprochen werden, wie ja auch Modificationen der Klangfarbe noch durch andere Faktoren möglich sind.

Man teilt die Instrumente ein in Saiteninstrumente, Blasinstrumente und Schlaginstrumente.

Klangfarbe. Violine

I. Die Saiteninstrumente.

Man unterscheidet:
A. Instrumente, deren Saiten gestrichen werden,
B.   „   „   „   gerissen   „
C.   „   „   „   geschlagen „

A. Die Streich- oder Bogen-Instrumente.

Die Streichinstrumente sind Instrumente mit „freier Intonation", d. h. die Höhe jedes einzelnen Tons kann, soweit es der Umfang der Tonreihe auf den Instrumenten erlaubt, vom Spieler jederzeit bestimmt werden.

Die Violine (Geige), Violino ital., Violon franz.

ist das höchste der Streichinstrumente, d. h. sein Tonumfang reicht von 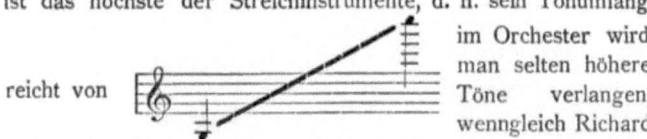 im Orchester wird man selten höhere Töne verlangen, wenngleich Richard Wagner in seiner Tannhäuser-Ouvertüre das e der viergestrichenen Oktave vorschreibt. Dem Solisten kann man solche und noch höhere Töne getrost zumuten. In dem angegebenen Umfang sind sämtliche chromatische Töne [wie bei allen Streichinstrumenten] gleich ausführbar. Die Violine hat 4 Saiten (Darmsaiten) deren tiefste mit Silberdraht umsponnen ist. Die Saiten sind in reinen Quiuten gestimmt:
Die höchste Saite wird auch „die Quinte" genannt.

4.   3.   2.   1. Saite.

Werden diese Saiten nicht durch Greifen der linken Hand gekürzt, so bezeichnet man ihren Ton als den einer „leeren Saite." Diese klingen kräftiger als die der gekürzten Saiten, weshalb auch die Tonarten, die den Gebrauch der leeren Saiten gestatten, auf der Violine glänzender klingen und sich bequemer spielen. Der Klang der Violinen (ebenso wie der der Violen,

Instrumentation

Celli und Bässe) kann dadurch modifiziert werden, dass man auf den Steg des Instrumentes, d. h. den Teil desselben, über welchen die Saiten gespannt liegen, ein Stückchen Holz, Elfenbein oder Metall (Sordine) festklemmt, wodurch die Vibration des Steges gehindert wird und so nur unvollkommen die Schwingungen der Saiten auf den Resonanzkörper (den Geigenkörper, terminus techn.: „corpus") übertragen werden. Jener vorher erwähnte Dämpfer (sordino ital., sourdine franz.) macht mithin den Ton schwach und verschleiert, und der Komponist schreibt die Anwendung des Dämpfers gewöhnlich mit „con sordini" und das Abnehmen mit „senza sordini" vor.

„Pizzicato" (abgekürzt pizz.) nennt man diejenige Spielmanier, bei welcher die Töne nicht mit dem Bogen erzeugt werden, sondern durch Zupfen der Saiten entstehen: soll danach wieder die Anwendung des Bogens erfolgen, so wird die Bezeichnung pizz. durch „coll' arco" [mit dem Bogen] aufgehoben.

Die sogenannten „Flageolettöne" [Harmonie — Harmonika-Töne], welche den Umfang der Violine nach oben erhöhen, haben eine eigentümliche an den Charakter der Flöte [daher der Name Flageolett, der Name einer Schnabelflöten-Art] gemahnende, durchsichtige, zarte Klangfarbe. Sie werden hervorgebracht, indem der Spieler eine Saite — oder deren Abschnitt — durch loses Aufsetzen des Fingers verkürzt: es schwingen auf diese Weise zwei, drei oder vier u. s. w. Teile der Saite, je nachdem man die Hälfte, das Drittel, Viertel u. s. w. hierdurch abteilte, deren jeder den durch die Teilung bedingten Ton der Obertonreihe (Siehe S. 95) erzeugt.

Wenn auch seltener angewandt, lässt sich der Toncharakter noch dadurch ändern, — und der Ton wird schwächer — wenn der Bogen nicht in der Nähe des Steges, wo der Ton am brillantesten ist — sondern über dem Griffbrett aufgesetzt wird. Der Komponist verlangt dieses Verfahren mit den Worten: sul tasto ital., oder sur la touche [über dem Griffbrett]. Das Gegenteil, das Spielen am Steg, jedoch in unmittelbarer Nähe des

Violine, Viola

selben, erfolgt auf die Anweisung: sul ponticello oder sur le chevalet, und ist im pianissimo von ätherischer Wirkung.[1]

Noch seltener und höchstens zur Erzielung eines drastischen Effekts [z. B. im Danse macabre von Saint-Saëns] werden die Saiten durch Aufschlagen mit dem Holze des Bogens zum Ertönen gebracht. Die Vorschrift hierfür lautet: „col legno" (mit dem Holz).

Wünscht der Komponist Töne auf einer bestimmten Saite hervorgebracht, da die Klangfarbe der Saiten unter einander abweicht, so bestimmt er den Spieler dazu durch den Vermerk, z. B.: „sul G.", d. h. auf der G-Saite zu spielen u. s. w.

Die Viola, Bratsche.

Unterscheidet sich von der Violine durch einen grösseren Korpus und eine tiefere Stimmung, indem ihr die E-Saite fehlt, während sie in der Tiefe eine solche für c (das c der kleinen Oktave) mehr hat, die C-Saite ist stärker als die G-Saite und gleich dieser umsponnen. Die Stimmung der Bratsche ist also: wobei zu bemerken, dass die Noten, welche für Bratsche geschrieben als Schlüsselvorzeichnung den C-Schlüssel dritter Linie haben, d. h. auf der dritten Linie liegt das C der eingestrichenen Oktave, wonach die andern Noten ihre Namen erhalten, deshalb Bratschenschlüssel genannt. — Die Bratsche wird gehalten und gespielt wie die Violine.

Obgleich die Bratsche auch für hohe Töne brauchbar ist, und auch mit Glück angewandt worden ist, so ist ihre Tonregion doch im allgemeinen die der Tenor- und Alt- (bis Mezzosopran-)stimme, zumal wenn ihr eine Solopartie gegeben ist. Im übrigen kann Alles für die Violine Gesagte auch auf die Bratsche bezogen werden. Der Klang der Viola ist in der tieferen Lage von gewisser Herbheit, in der Mittellage sehr warm, aber

---

[1] Adagio von Beethovens IX. Symphonie im Schlusssatz am Ende des ³/₂ Satzes bei den Worten: „über Sternen muss er wohnen" ist ein Beispiel herrlicher Wirkung mit „sul ponticello."

melancholisch, und in der Höhe sehr eindringlich, nicht ohne Schärfe.

Das Violoncell, Violoncello (Cello it., Violoncelle franz.)

ist gestimmt:  steht mithin eine Oktave tiefer als die Viola, ist bedeutend grösser als jene und wird beim Spiel zwischen den Knieen gehalten. Falls das Cello nicht stimmführend ist, wird es in der Lage der Bass und Tenorstimme bleiben, doch kann man selbst im Orchester ein d der zweigestrichenen Oktave verlangen; Flageolettöne, welche den Umfang des Instrumentes erheblich vergrössern, sind sehr gebräuchlich. Auch auf das Violoncello passt das von der Viola Gesagte. Der Ton des Violoncells eignet sich, abgesehen von Begleitungen, vorzüglich zu Kantilenen (gesanglichen Stellen der Komposition) wegen seines edlen sonoren Klanges. Für das Cello ist der Cello-Schlüssel: ein C-Schlüssel vierter Linie, am häufigsten in An-Anwendung, sodann der Bassschlüssel 𝄢, seltener für die höchsten Noten der 𝄞

Der Kontrabass, Contrabasso (früher Violone) (Contrebasse).

Es giebt zwei Arten Kontrabässe: zu vier und zu drei Saiten. Der viersaitige in Quarten gestimmte Kontrabass ist der gebräuchlichste. Das Instrument wird stehend mit einem kurzen Bogen gestrichen und hat für das Orchester einen Umfang von ungefähr zwei Oktaven und einer Quarte. Die Noten für den Kontrabass werden eine Oktave höher geschrieben als sie erklingen. Die Spielweise auf dem Kontrabass schliesst sich ebenfalls an die der andern Streichinstrumente an, nur ist der Gebrauch des Flageolett im Orchester ein beschränkter, obgleich die Länge der Saiten des Instruments solche Bildungen begünstigt. Der Ton des Instrumentes ist ein mächtiger, nachdröhnender.

B. Instrumente, deren Saiten gerissen werden.

Unser Orchester kennt von den Instrumenten dieser Gattung: Harfe, Guitarre und Mandoline, im Symphonieorchester nur die Harfe, während Guitarre und Mandoline meist als Begleitinstrumente (zu Volksmelodien, Ständchen und Liebesliedern u. s. w.) verwandt, bezw. der Mandoline als Soloinstrument nur schlichte Weisen zuerteilt werden. Die Anwendung von Guitarre und Mandoline als Orchesterinstrumente beschränkt sich auf das Opernorchester.

Die Harfe. Arpa ital., Harpe franz.

Die „Pedalharfe" unseres modernen Orchesters ist eine Erfindung von Sebastian Erard in Paris (1752—1831). Die Harfe wird mit beiden Händen gespielt und die Musik wird wie beim Klavier auf zwei Liniensysteme mit Violin- und Bassschlüssel notiert. Die Harfe ist mit 46 bis 47 Saiten bespannt, so dass ihr ein Umfang von 6½ Oktaven zu Gebote steht und bildet

in der Originalstimmung durch sämtliche Töne ihres Tongebietes eine Ces-dur-Tonleiter. Um in andern Tonarten spielen zu können oder chromatische Töne zu gewinnen, muss der Spieler Pedale anwenden, deren das Instrument (abgesehen vom Fortezug gleich dem Pedal unseres Pianoforte) 7 aufweist. Jedes der Pedale wirkt auf einen Ton sämtlicher Oktaven so, dass man mit einem Druck des Fusses den betreffenden Ton um einen chromatischen Halbton erhöhen kann. Erhöht man so z. B. den Ton fes zu f, dann hat die Tonleiter der Harfe kein fes mehr vorgezeichnet, mithin steht die Harfe jetzt in Ges-dur (mit den Vorzeichen b, es, as, des, ges, ces). In derselben Weise kann ein Ton nach dem andern erhöht werden, bis das Instrument die C-dur-Tonleiter zeigt. Um Kreuztonarten herzustellen, erlaubt es nun die Bauart der Pedale, sie noch einmal in eine zweite Rast herunterzudrücken, worauf die Töne wiederum chromatisch erhöht werden, so dass man, nachdem sämtliche Pedale in der zweiten Rast festgestellt sind, in Cis-dur auf dem Instrument spielen kann. Da jeder chromatisch veränderte Ton einen Pedalgebrauch erheischt, wird die Chromatik thunlichst vom Komponisten eingeschränkt, da ohnehin jede Modulation in einem Stück fortwährend Pedalgebrauch fordert. — Das Instrument gestattet auch die Anwendung von Flageolettönen. Der Ton der Harfe trägt, wie kein anderes Orchester, den Stempel „des Immateriellen", wie Gevaert sich ausdrückt, „Harfenklang entrückt die Seele dem Gewicht irdischer Leidenschaft und erhebt sie in lichtere Regionen" u. s. w. So voll und weich in den unteren und Mittelregionen die Harfe klingt, so spröde und hart klingt sie im Forte in den höchsten Tönen.

C. Instrumente, deren Saiten geschlagen werden,

finden wir nur im Zigeuner-Orchester, d. h. im national-ungarischen, durch das „Cymbal" vertreten. [Das Prinzip mittelst Mechanik angewandt, veranschaulicht unser Klavier].

II. Die Blasinstrumente.

Die Blasinstrumente teilt man ein nach der Art der Tonerzeugung, nicht aber nach dem Material, aus welchem die Schallröhren bestehen; wenn man auch von Blech- und Holz-Blasinstrumenten (Blechbläser, Holzbläser) spricht. Ist auch das Material nicht gleichgültig, so muss man doch daran festhalten, dass nicht die Röhre den Ton hervorbringt, sondern die von ihr umschlossene Luftsäule. Die Einteilung sei folgende:

        Blasinstrumente ohne Zungen,
        Blasinstrumente mit Zungen,
        Blasinstrumente mit Kesselmundstück.

Harfe, Flöte

A. Blasinstrumente ohne Zungen.
Die Flöte (Flauto ital., Flûte franz.).

Die Flöteninstrumente erzeugen den Ton dadurch, dass der in das Instrument hineingeblasene Luftstrom sich an der Kante des Anblaseloches (dem Mund oder Ausschnitt des Instrumentes) bricht. Da die Höhe der Töne von der Länge der schwingenden Luftsäule im Innern des Instruments abhängt, so sind an der Röhre der Flöte Tonlöcher angebracht, welche, wenn sie sämtlich von den Fingern des Spielers geschlossen sind, die Röhre nicht beeinflussen [welche in diesem Falle den Grundton des Instruments, d. h. den tiefsten, in welchem das Instrument steht, hören lässt], sie jedoch kürzen, wenn ein oder mehrere Tonlöcher geöffnet werden. Das untere Ende der Flöte ist offen. Will man **verschiedene** Töne bei **gleichbleibender** Rohrlänge erhalten, dann steht die Reihe der harmonischen Obertöne (Siehe S. 95) zur Verfügung, indem durch stärkeres Anblasen des Spielers sich die Luftsäule im Innern des Instrumentes in eine durch die Stärke des Anblasens bedingte Anzahl von Teilen teilt, deren Schwingungen jene NaturSkala-Töne ergeben können. Es gibt zwei ihrer Spielart nach sehr verschiedene Arten von Flöten: solche, welche von der Seite durch ein kreisförmiges Loch angeblasen und infolgedessen quer vor den Mund des Spielers gehalten werden; daher der Name „Querflöten", und solche, welche durch einen am oberen Ende des Instrumentes angebrachten Spalt angeblasen werden (und vom Munde des Spielers aus gerade wie z. B. Oboe und Klarinette gehalten werden); man nennt die letzterwähnten: „gerade Flöten", „Schnabelflöten." In der ernsten Kunst werden „Schnabelflöten" kaum angewandt, wenige Beispiele aus früherer Zeit ausgenommen.

Flöte

Die Figuren verdanken wir grossenteils der Liebenswürdigkeit von Schuster & Co., Musikinstrumentenmanufaktur in Markneukirchen (Sachsen).

Instrumentation

Unsere heutige Konzertflöte, von Theobald Böhm (1794—1881) wesentlich verbessert, besitzt einen Klappenmechanismus, mittelst dessen die Tonlöcher geöffnet werden und sich wieder schliessen. Die heutzutage allein übliche sog. grosse Flöte in C hat einen Umfang von 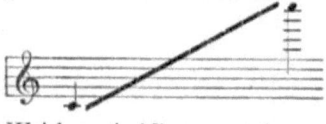 gleich den Streichinstrumenten mit allen chromatischen Intervallen. Der Klang der Flöte hat etwas Träumerisches, Weiches, sie klingt am schönsten in der Mittellage; während das Timbre der tiefen Lage ziemlich durchdringend, düster, aber voll ist, besitzt die Mittellage keine grosse Stärke, die höhere Lage klingt glänzend und hell.

Als Abarten der Flöte in C (d. h. mit dem Grundton c) giebt es Flöten in Des und F, doch werden sie heute nicht mehr angewandt.

Für den Fall, dass man eine Des- oder F-Flöte angewandt findet, ist die Flöte als sogenanntes „transponierendes" Instrument behandelt, d. h. die Töne der Obertonreihe (Naturskala) ihres Grundtons wird als C-dur notiert. Man muss nun wissen, ob das Instrument höher oder tiefer als C „steht" (d h. gebaut und gestimmt ist); in Bezug auf unsere Flöte steht die Des-Flöte einen Halbton höher als das Normalinstrument: eine Notierung von [notation] klingt auf ihr wie [notation] und auf der eine kleine Terz höher stehenden F-Flöte klingt das geschriebene [notation] wie [notation]

Kleine Flöte.
(Oktav- oder Pickel-Flöte, Flauto piccolo od. Ottavino, Petite flûte octave.)

Der Umfang der kleinen Flöte entspricht dem der grossen Flöte in der höheren Oktave: die Töne klingen eine Oktave höher als sie aufgezeichnet werden. Der Klang der kleinen

Flöte in Unter- und Mittellage ist schwach, je höher desto schärfer und schriller wird er.

B. Blasinstrumente mit Zungen.

Man unterscheidet solche mit einfachen und solche mit doppelten Zungen. Zungen nennt man kleine Rohr- oder Metall-Plättchen, welche durch den vom Spieler erzeugten Luftstrom vibrieren, indem sie entweder so angebracht sind, dass sie auf einen Teil des Mundstücks beim Schwingen aufschlagen, oder dass sie freistehend aus dem Mundstück herausragen und zwischen den Lippen des Spielers vibrieren.

Die Klarinette (Clarinetto it. Clarinette frz.) Sopran-Klarinette

besitzt ein cylindrisches Schallrohr mit einfacher auf schlagender Zunge (auch „Blatt" genannt), welche den unteren Teil des schnabelförmigen Mundstücks schliesst. Der Umfang des Instrumentes beträgt für das Orchesterspiel ungefähr 3½ Oktave, wenngleich höhere Töne zwar möglich, doch schwer zu spielen sind, herber klingen, und aus beiden Gründen wenig gebräuchlich sind. Die Klarinette in C, die älteste, klingt wie sie geschrieben wird. Eine Eigentümlichkeit der mit Zungen angeblasenen **cylindrischen** Röhren ist dass sie beim „Ueberblasen" (d. h. mit stärkerem Luftdruck blasen um Obertöne zu erhalten) **nur die ungradzahligen** Töne der Obertonreihe ihres Grundtones — d. h. des Tones in dem das Instrument steht — anzugeben vermögen. So werden von h der eingestrichenen Oktave an, sämmtliche Töne nur als Obertöne (dritte Obertöne, fünfte und neunte Obertöne) der schon vorhandenen Skala hervorgebracht.

Klarinette

So erklärt sich auch die Härte der höchsten Töne, welche

Instrumentation

nur als neunte Obertöne, also mit einem beträchtlichen Aufwand an Luftstärke, angegeben werden können.

Der Klang der Klarinette ist weich und modulationsfähig, die Regionen der Alt- und Sopranstimmen, deren orchestrale Vertreter die Klarinette gleichsam ist, bergen ihre schönsten Töne. Die Klarinette hat den Umfang von

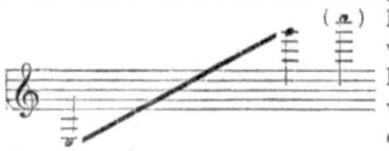

(a) Neben der C-Klarinette verwendet man B und A-Klarinetten am häufigsten, von denen die B-Klarinette einen Ganzton, die A-Klarinette eine kleine Terz tiefer klingt, als sie notiert wird. Die Klarinette ist gegen 1700 von J. C. Denner aus der alten Schalmei konstruiert worden; ihren Namen führt man zurück auf das lat: clarus-hell.

Das Bassetthorn (corno di basetto) oder die Alt-Klarinette

steht eine reine Quinte tiefer als die C-Klarinette, ihr Umfang ist demnach von dem f der grossen Oktave bis crc. zum dreigestrichenen c notiert.

Notierung:

thatsächlich klingend:

Neben dem Bassetthorn kommt noch die tiefe Es-Klarinette, noch einen Ton tiefer als jenes stehend in Betracht. (Seltenheit, z. B. bei Wagner vorkommend, ist die Bass-Klarinette, welche eine Oktav tiefer als die Sopran A-Klarinette steht.) Unter „Kleine Klarinetten" versteht man solche, deren Stimmung eine höhere als die der C-Klarinette ist, sie existieren ausnahmsweise gebraucht als hohe D, Es, F und A-Klarinetten, letztgenannte in der Oesterreichischen Militärmusik.

Klarinette, Oboe, Englisch Horn

Die Oboe oder Hoboe, (Oboe ital. Hautbois frz.)

ist ein Instrument mit im Innern von oben nach unten sich erweiterndem Rohr, aus dessen Mundstück z w e Rohrplättchen, (als doppelte Zunge) hervorragen. Die Oboe ist nicht transponierend, ihr Umfang ist:

Vom zweigestrichenen d an wird die Skala, welche bis dahin durch Oeffnen der Tonlöcher erzielt wurde, mittelst Überblasen fortgesetzt. Auch bei den Oboen ist die Mittellage und deren Grenztöne nach oben und unten für den Klang des Instrumentes die günstigste. Der Ton der Oboe entbehrt zwar der Weichheit und Poesie nicht, doch klingt er eigentümlich gepresst, man möchte sagen quäkend.

Das Englisch Horn (Corno inglese ital., Cor anglais frz.)

kann als Fortsetzung der Oboe nach der Tiefe, quasi Alt-Oboe, betrachtet werden, steht jedoch als transponierendes Instrument in F, mithin erklingen seine Töne eine reine Quinte tiefer als sie geschrieben sind:

Oboe   Es hat die Gestalt der Oboe; doch ist der Schallbecher etwas ausgebaucht. Die älteren franz Komponisten notieren für das Instrument den wirklichen Klang mit dem Mezzo-Sopran-Schlüssel d. h. dem C-Schlüssel 2ter Linie, die Italiener vor Verdi auch den wirklichen Klang doch in Bass-Schlüssel, also eine Octave zu tief. Der Klang des Instrumentes ist voll und rund, schwermütig, träumerisch.

Instrumentation

Das Fagott (Fagotto ital., Basson franz.)

Das Fagott sieht man als den Bass der Oboe an, es hat einen Klang, der es befähigt in der Tiefe geradezu unheimliche Wirkungen hervorzubringen, während die Töne seiner Mittellage so angewandt werden können, dass sie unwiderstehlich komisch wirken. (Siehe Instrumentation) nur in der höheren Registern kann das Instrument poetisch klingen. Die Luft wird diesem Instrument durch einen sogenannten „Schwanenhals": eine S-förmige Metallröhre, zugeführt, damit der Spieler es leicht handhaben kann. Der Umfang des Fagotts, dessen Noten im Bassschlüssel (zuweilen die hohen Noten im C-Schlüssel 4ter Linie: dem Tenorschlüssel, wie beim Cello,) geschrieben werden, hat einen Umfang von ungefähr 3 Oktaven

einige für den Orchestergebrauch weniger zuverlässige Noten kommen noch hinzu. Bis zum kleinen f reicht die Reihe der Grundtöne, d. h. also derjenigen, welche mit dem Instrument ohne Ueberblasen ausgeführt werden.

Das Kontrafagott (Contrafagotto, Contre-Basson)

verhält sich zum Fagott wie des Kontrabass zu Violoncello; das Kontrafagott giebt den Umfang des Fagotts in der tieferen Oktave und wird eine Oktave höher notiert (also genau so, als wären die Töne für das Fagott berechnet) als es klingt.

Der angegebene Umfang ist der für gewöhnlich ausgenutzte Klang und schwerfällige Tonentfaltung, sowie die bedeutende Kraft des Instrumentes, stempeln dasselbe zum Bassinstrument ex officio. Notenreiche Gänge sind demgemäss nicht der Natur des Instrumentes entsprechend.

Die Orgel.

Die Orgel besitzt Pfeifen aus Holz oder Zinn, sowohl ohne als auch mit Zungen; die Pfeifen stehen auf sogenannten "Windladen" d. h. Kanälen, welche die Luftzufuhr zu den Pfeifen vermitteln;[1]) die Windladen sind wieder in eine Anzahl schmaler Gänge, die "Kanzellen" abgeteilt. Der Abschluss der Pfeifen gegen die Windladen geschieht durch zwei Arten von Ventile, durch "Spiel-" oder "Register"-Ventile; ein Spielventil ist dasjenige, welches durch den Druck auf die Tasten des Instrumentes sich für **eine** Pfeife öffnet, und das Registerventil ein solches, welches dem Winde den Zugang zu einer Anzahl gleichgebauter Pfeifen (Pfeifen einer Familie, mit demselben Klangcharakter), einem "Pfeifen-Register" öffnet; auch dieses kann durch den Tastendruck geschehen, im Übrigen sind dazu jedoch die Register-"Züge" vorhanden, welche durch den "Registerknopf", auf welchem die Aufschrift zeigt, welche Klangfarbe das betreffende Register hören lassen kann, vom Spieler regiert werden. Man unterscheidet zwischen Labial- (ohne Zungen) Pfeifen und Zungenpfeifen oder "Schnarrwerk", "Rohrwerk." Die Labialpfeifen sind "offene" oder "gedeckte" d. h. am Ende geschlossene Schallröhren; die offenen haben einen helleren, kräftigeren, die gedeckten einen zarteren, dunkleren Klang; die offenen Stimmen (Pfeifenreihen, Register) nennt man "Prinzipalstimmen", da sie die wichtigsten der Orgel sind, welche nie fehlen dürfen. Unter den Prinzipalstimmen nehmen die sogenannten "8füssigen" eine bevorzugte Stellung ein: 8füssig nennt man sie, weil eine Pfeife mittlerer Mensur (im richtigen Verhältnis von Breite und Länge)

---

[1]) Der Wind wird in Blasebälgen durch Bälgetreter oder neuerdings auch mittelst selbsttätiger Mechanismen (Uhrwerke) erzeugt.

Instrumentation

von ca. 8 Fuss Länge das C der grossen Oktave angiebt. Dieses 8füssige C nun erklingt, wenn man die Taste von C anschlägt, d. h. die Pfeife lässt den Ton hören, wie er geschrieben wird. Der Begriff der 8Füssigkeit wird (eigentlich fälschlich) übertragen auf alle Pfeifen, welche den Ton in der Oktave angeben, in welcher er notiert ist. Pfeifen, welche die tiefere Oktave erklingen lassen, nennt man 16füssig, diejenigen, welche die tiefere Doppeloktave der Notierung hören lassen 32füssige. Andererseits erklingt eine 4füssige Pfeife in der höheren Oktave, eine 2füssige in der Doppel- und eine 1füssige in der höheren Tripeloktave. [Notiert wird z. B. Flöte 8', Fl. 16', Fl. 1'; der Strich rechts neben der Zahl bezeichnet diese als Fusszahl]. Wenn sämtliche Grössen der Stimmen vorhanden sind, umfasst die Orgel 9½ Oktaven. Die Bezeichnungen Oboe, Flöte, Posaune, Gedakt (= gedeckt) u. s. w. beziehen sich auf Bauart und Klangfarbe der Register. Entweder schreibt der Komponist diese oder jene Klangfarbe vor, oder der Spieler muss sich selbst das Werk „registrieren" d. h. die Klangfarben nach seinem Ermessen zusammenstellen. Ausser den genannten Registern giebt es nun noch solche, welche zwei und mehrere Intervalle mitertönen lassen, die der Obertonreihe des Tones angehören, dessen Taste man spielt. Selbstredend kann man solche Register, „Mixturen" genannt, nur so anwenden, dass sie nicht ein störendes Intervall einzuführen scheinen, sondern nur die schon vorhandenen Obertöne des stark registrierten Werkes verstärken und dadurch dem Ton mehr Brillanz geben.

Die Orgel weist gewöhnlich zwei oder drei bis fünf Klaviaturen auf, welche man „Manuale" (von manus lat. die Hand) nennt, im Gegensatz zu einer ferneren Klaviatur, welche von den Füssen des Spielers gespielt wird, und das Pedal (pes = der Fuss) heisst. Die Pedal-Klaviatur ist eingerichtet wie das Manual, auch sie hat Unter- und Obertasten, welche mit dem Hacken oder der Spitze oder dem Ballen des Fusses niedergedrückt werden. Das Pedal umfasst ungefähr 2 Oktaven der tiefsten Töne der Orgel, und wird, wenn es selbständig auftritt, in ein eigenes Liniensystem mit Vorzeichnung des Bassschlüssels unter die beiden Systeme für Violine und Bassschlüssel geschrieben. Jede grössere Orgel hat auch Vorrichtungen, um die Klangfarben mehrerer Register mit einander zu verbinden oder um durch das Niedertreten der Pedale auch die Manuale und ihre Register mit ertönen zu lassen. Dergleichen Mechanismen nennt man „Koppeln." Schliesslich sei noch das „Crescendo-Pedal", ein Hebel zum Anschwellen des Tones („der Schweller") genannt. Je nach der Grösse der Orgel hat dieselbe mehr oder weniger Register, Pfeifen, Koppeln u. s. w.; so hat z. B. die riesige Orgel im Kloster Weingarten bei Regensburg 6666 Pfeifen mit 66 Registern.

C. Blas-Instrumente mit Kesselmundstück.

Das Kesselmundstück besteht aus einem kleinen halbkugligen Becken, welches auf den oberen, engsten Teil des Instrumentes eingesetzt wird. Der Spieler presst auf bezw. in das Mundstück seine Lippen, deren Vibration im Verein mit der Länge der Luftsäule, welche er in Schwingungen versetzt, den Ton bilden. Die grössere oder geringere Geschwindigkeit der Schwingungen der Lippen reguliert der Spieler durch die verschiedene Anspannung der Lippen. Die Form des Mundstücks ist ein wichtiger Faktor für den Klangcharakter.

Ein bauchiges Mundstück erzeugt einen schmetternden, hellen Klang, je flacher das Mundstück hierbei ist, um so charakteristischer treten die erwähnten Eigenschaften des Tones hervor.

Ein trichterförmiges Mundstück macht den Klang weicher, verschleierter. Den Typus der letztgenannten Bauart des Mundstücks sehen wir am Horn.

Das Natur-Horn oder Waldhorn (Corno it., Cor frz.)

Es ist ausschliesslich auf den Gebrauch der Naturskala angewiesen, was ihm auf der einen Seite jenen unnachahmlich schönen schwebenden Klang verleiht, auf der andern Seite aber

Instrumentation

seinen Umfang beschränkt und in der Reinheit einiger Töne zu wünschen übrig lässt. Wir sahen (S. 95), welche Töne der Naturskala für die Musik nicht brauchbar sind, und es ist nun Sache des Spielers die Unreinheit dieser Töne zu korrigieren, und es giebt ein Mittel: Das „Stopfen" der Töne, um die Tonhöhe zu verändern. — Das „Stopfen" geschieht, indem der Spieler beim Blasen die Hand in die „Stürze" (die Mündung, aus welcher der Ton hervorkommt) hineinführt, jemehr diese mit der Hand verengt wird, um so tiefer erscheint der Ton (er kann fast um einen Ganzton erniedrigt werden) aber auch um so dumpfer; und das ist wieder ein Missstand, da sich so der korrigierte Ton von den andern in seiner veränderten Klangfarbe abhebt. Die Kunst des Spielers muss hier zu mildern und auszugleichen suchen. Durch das „Stopfen" kann der Spieler auch diejenigen Töne gewinnen, welche der Naturskala fremd sind, indem er die vorhandenen Töne bis auf einen Halbton erniedrigt; das Stopfen um einen Ganzton ist nicht erreichbar [auch das „Treiben" eines Tones, d. h. ihn mittelst schärferen Anblasens und Zusammenkneifens der Lippen ein wenig zu erhöhen, ist möglich, doch nicht prinzipiell anwendbar]. Den gestopften Tönen gegenüber bezeichnet man die Töne der Naturskala als „offene" Töne.

Bei der Notierung der Hornstimme ist zu beachten, dass sie derartig geschrieben wird, als wäre gross C (das C der grossen Oktave) der Ton 1 der Obertonreihe, gleichgültig wie das Horn gestimmt ist. Mit Ausnahme der Töne bis zum 6ten Oberton, welche im Bassschlüssel — jedoch eine Oktave tiefer als der wirkliche Klang — notiert werden, schreibt man die Hornmusik in den Violinschlüssel.

Hörner-Typus (Ventilhorn)

Horn

Um ein Horn umzustimmen d. h. also, um ihm einen anderen Ton zu geben, welcher dann der erste in der Reihe der von ihm aus möglichen Obertöne ist, kann man ein Stück der Schallröhren herausnehmen und ein anderes längeres oder kürzeres dafür hineinsetzen. Dieses auswechselbare Röhrenstück heisst der „Stimmbogen". Man unterscheidet hohe, mittlere und tiefe Stimmungen der verschiedensten Art; einige Beispiele mögen es erläutern, wobei zu bemerken, dass Ton 1, der Grundton, unsicher ist; zwischen Ton 2 und 16 liegt deshalb der gebräuchliche Umfang. Das Horn in „hoch C" hat z. B. folgende offene Töne:

ihr wirklicher Klang ist der Notierung entsprechend.

[NB. Die Zahlen numerieren die Töne der Naturskala].

Horn in „hoch B":

Der wirkliche Klang einen Ganzton tiefer:

Horn in F:

Wirklicher Klang eine Quinte tiefer:

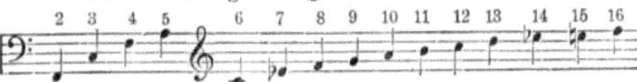

Instrumentation

Horn in „tief B":

Wirklicher Klang eine Oktave und einen Ganzton tiefer:

Nach diesen Beispielen kann der Leser sich ein Bild von den übrigen Stimmungen und deren Verhältnis zwischen Notierung und Klang machen. Dass man in Anbetracht des Vorbesprochenen falls das Naturhorn melodieführend sein soll, mit der Wahl der Töne auf die Naturskala Rücksicht nehmen muss, ist eben so selbstverständlich, wie die Thatsache, dass man infolge des getragenen Tones dem Horn keine Geschwindigkeitskunststücke zumuten darf. Bei Hörnern, Trompeten, Posaunen u. s. w. sind Dämpfer möglich, indem in die Stürze des Instrumentes durchbohrte Holzkegel, neuerdings auch aus Metall gefertigte Dämpfer der verschiedensten Konstruktion, eingeführt werden, welche die Schwingungen des Schallrohres hemmen sollen; das Timbre wird dadurch sehr verändert, der Ton erhält etwas näselndes, gedrücktes und klingt wie aus grösserer Entfernung. Natur-Horn und -Trompete sind in ihrer Bauart dem Ventilhorn und der Trompete (s. Seite 169) vollkommen analog.

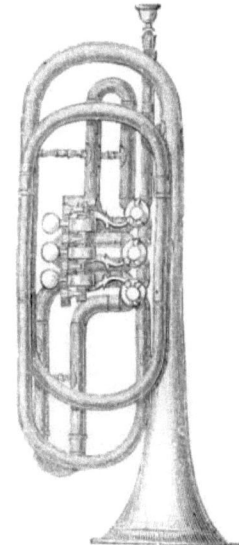

Trompeten-Typus
(Ventiltrompete)

Trompete, Posaune

Die Naturtrompete. (Tromba, Clarino it., Trompette frz.)

Wie das Naturhorn, so kann auch die Naturtrompete nur eine Skala von Obertönen erzeugen, nur ist auf der Naturtrompete ausschliesslich jene Skala das Tonmaterial; die gestopften Töne klingen zu schlecht, darum können auch Ton 7, 11, 13 u. s. w. nicht modifiziert werden. Die Naturtrompete ist gleich dem Horn mit „Stimmbögen" umstimmbar, heutzutage ist sie völlig durch die Ventilinstrumente ersetzt.

Die Zugposaunen (Trombone).

Die Schallröhre der Posaunen ist eine doppelte, ein engeres Rohr steckt in einem weiteren und lässt sich aus diesem hervorziehen bezw. in dasselbe hineinschieben. Durch diese Veränderung der Röhrenlänge ist eine vollständige chromatische Tonleiter auf dem Instrument ausführbar; wir werden sehen auf welche Weise.

„Züge" nennt man die möglichen Röhrenverlängerungen durch herausziehen. Die sechs Züge, deren man sich auf dem Instrument bedient, stellen eine in Halbtonschritten abwärtssteigende Skala dar und von jedem dieser Töne aus, wie auch von dem Grundton des Instrumentes (ohne herausziehen der Röhre) aus, kann eine Reihe von Naturtönen gebildet werden.

Sämtliche so erreichbaren Töne aneinandergereiht ergeben für die

Tenorposaune

einen Umfang vom E der grossen Oktave bis zum B der eingestrichenen Oktave mit sämtlichen chromatischen Zwischentönen. Die Tenorposaune ist die bemerkenswerteste, sie besitzt einen vollen glänzenden Ton, von ebensoviel edler Kraft als Weichheit und eine relative Beweglichkeit bei gut ausgeglichenen Tönen der ganzen Leiter. Die Noten stehen im Tenorschlüssel (C-Schlüssel vierter Linie). Gleich ihr existieren eine Alt- und eine Bassposaune in den entsprechenden Schlüsseln (C-Schlüssel dritter Linie und Bass-Schlüssel) notiert. Die Altposaune steht

Instrumentation

eine Quarte über, die Bassposaune eine Quarte unter der Tenorposaune.

Sämtliche Posaunen erklingen mit den Tönen (nicht transponierend), welche für sie auf dem Papier stehn.

Richard Wagner verlangt in den Nibelungen noch eine Kontrabassposaune, ein Monstrum, dessen Töne eine Oktave tiefer als die der Tenorposaune liegen.

Die Ventil-Instrumente.

Ventile nennt man die an den Instrumenten angebrachten, durch Fingerdruck in Thätigkeit setzbaren Mechanismen verschiedenster Konstruktion, durch welche die Luftsäule im Inneren des Instrumentes derartig vergrössert wird, dass ein abgeschlossener Röhrenteil für sie durch Öffnen oder Schliessen geöffnet oder abgesperrt wird.

Es ist also im Grunde dasselbe Prinzip wie bei den Zuginstrumenten, nur vereinfacht, indem die Verlängerung der Röhre durch „Züge" zeitraubender und schwerfälliger — auch difficiler — ist, als das Einschalten einer Röhrenlänge durch einen Fingerdruck.

Die gewöhnliche Anordnung d r e i e r Ventile, deren j e d e s den Grundton des Instruments — und damit die auf ihm ausbildbare Reihe der Obertöne — um einen Halbton tiefer als das andere macht (so dass man schliesslich den um $^3/_2$ Töne mithin um 1½ Ton vertieften Grundton hervorbringen kann), ermöglicht zwar die Bildung einer ganzen Reihe von Tönen, doch hat diese Reihe Lücken. Um die Lücken auszufüllen, werden die Ventile kombiniert und die neu entstehenden Rohrlängen, welche durch Anwendung von zwei oder allen drei Ventilen erreicht werden, machen die Bildung der fehlenden Töne möglich. — Leider befriedigt die Reinheit der durch Kombinationsventile entstandenen Töne nicht in vollem Masse.

Der geniale Instrumentenmacher **Adolf Sax**, 1814[*] (1857 als Lehrer am Pariser Konservatorium angestellt) hat dem erwähnten Übelstand abgeholfen durch Erbauung von Instrumenten mit Einzel- (nicht kombinierbaren) Ventilen (Pistons indépendants).

Sax wendet, von der Maximallänge der Röhre ausgehend, 6 Ventile an, deren jedes die Skala der Obertöne dem vorhergehenden gegenüber um einen Halbton erhöht, indem es durch Ausschalten eines Röhrenstücks die Rohrlänge verkürzt. Die so erhaltenen Töne entsprechen allen Anforderungen und die allgemeine Anwendung der in dieser Weise konstruierten Blasinstrumente ist nur zu empfehlen.

Man nennt diese auch Instrumente mit „Verkürzungs-Ventilen" jenen alten mit „Verlängerungs-Ventilen" gegenüber. **Ventil**-Horn, Trompete und Posaune entsprechen also den Naturinstrumenten mit Ventilen. Wenn auch seine Anwendung im Konzert- und Theater-Orchester in Deutschland nicht üblich ist, wollen wir doch noch eines Instruments gedenken, welches der Laie als Virtuosen-Instrument des öfteren zu hören bekommen kann:

Das Ventilkornet (Cornet à pistons),

ein Abkömmling des alten Posthorns, wird gewöhnlich als B-Cornett gebaut und ist ein eminent bewegliches Instrument: es spricht leicht an und eignet sich dabei eben so gut für Kantilenen wie für rasche Tonfolgen jeglicher Art. Der Klang des Kornetts besitzt jedoch wenig Noblesse; sein durch die Bauart bedingter, nicht voluminöser, etwas gequetschter Ton hat unter Umständen geradezu einen ordinären Charakter; mit den übrigen Instrumenten eines Militärorchesters verschmilzt der Klang des Kornetts vorzüglich.

Bügelhörner Ophikleiden (Klappenhörner) Saxhörner.

Das Naturkornett oder Posthorn ist der Stammvater einer grossen Reihe von Instrumenten, die heute nicht mehr gebraucht werden bezw. verbessert worden sind und sich in der Harmoniemusik (Specialname der Blasmusik wie z. B. der Militärmusik) eine dauernde Stellung errungen haben, während mit Ausnahme der „Basstuba" die höhere Kunstmusik ihnen keine Stellung eingeräumt hat. Dem Naturkornett ähnlich ist das Signalhorn

Instrumentation

(gewöhnlich in B). Dieses wurde zur Gewinnung chromatischer Töne mittelst Tonlöcher, die mit Klappen verschlossen wurden, zum „Klappenhorn" oder „Bügelhorn", dessen Bassinstrumenten man den Namen „Ophikleiden" gab.[1]) Diese wiederum wurden mit Ventilmechanismus durch A. Sachs in die Familie der Sachshörner verwandelt, deren es 7 in verschiedenen Lagen giebt.

Die Namen sind: Piccolo in Es, Flügelhorn in B, Althorn in Es, Tenorhorn in B, Basstuba, Bombardon in Es, Kontrabasstuba (oder Helikon, dann meist kreisrund gebogen).

Die Basstuba

(auch Euphonion, Baryton, Tenorbass in B genannt).

Wird notiert wie sie klingt. Die Basstuba in F ist die wohlklingendste, deren Dimensionen es zugeben, dass sie voll und wuchtig als Fundamentalinstrument der Blasmusik erklingen kann. Die untersten 4 Töne sind schlecht, im übrigen sind alle Töne gut brauchbar:

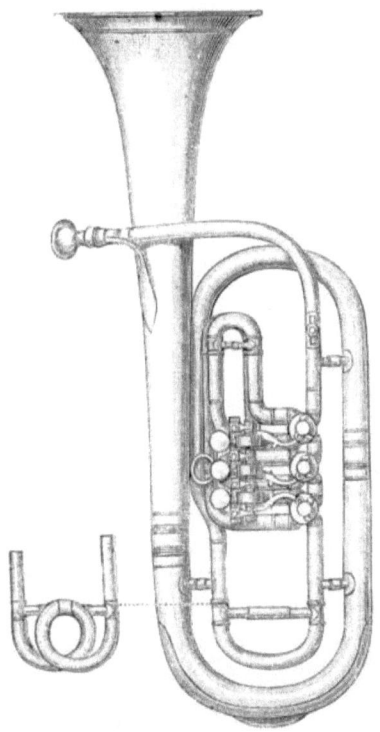

Typus der Tuben

---

[1]) Die tiefstehenden mit dem Namen Monstre-Ophikleiden.

Tuba, Pauken

Die Zahlen numerieren auch hier die Töne der Naturskala.

III. Schlaginstrumente.

Man unterscheidet Schlaginstrumente von „bestimmter" von solchen mit unbestimmter Tonhöhe.

A. Schlaginstrumente von bestimmter Tonhöhe.

Die Pauken Timpani ital., Timbales franz.

Die Pauke besteht aus einem halbkugeligen Kessel, dessen obere Öffnung mit Tierhaut überspannt ist, welche mit Schrauben, die am Rande des Kessels angebracht sind, lockerer und straffer angespannt werden kann. Die Tonhöheveränderung, welche auf diese Weise erzielt wird, erstreckt sich auf ungefähr acht halbe Stufen. Gewöhnlich handhabt ein Pauker zwei Instrumente, ein grösseres und ein kleineres, welches eine Quarte höher steht. (Die Pauke kann in einer Pause umgestimmt werden). Das grössere, tiefer stehende Instrument wird auf einen der folgenden Töne abgestimmt:

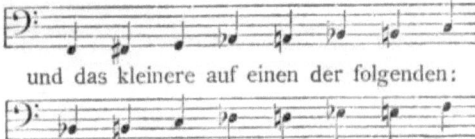

und das kleinere auf einen der folgenden:

Seit Beethoven notiert man die Pauke, wie sie klingt, aber ohne Versetzungszeichen zum Schlüssel oder vor die Noten.

Instrumentation

Die Pauke wird mittelst Klöppel sog. „Schlägel", welche entweder ohne Überzug (selten), oder mit Leder, Filz- oder Schwamm bezogen angewandt werden, geschlagen. Die Schlägel mit Schwammköpfen erzeugen den weichsten Ton und eignen sich infolge der Elastizität für p und pp-Wirbel. Die mit Leder überzogenen sind härter, während die unüberzogenen einen unangenehm harten Schlag bedingen.

Timpani coperti oder Timpani con sordini sind für bestimmte Effekte gedämpfte Pauken; man bedeckt das Paukenfell zu dem Zweck mit einem Tuch, um die Schwingungen zu hemmen.

Das Glockenspiel (Jeu de timbres, Carillon), Cymbeln besteht aus einer Anordnung abgestimmter Glöckchen.

Die Glas- oder Stahlharmonika und das Xylophon (Holzharmonika),

aus einer Reihe abgestimmter Glas-, Stahl-, oder Holzstäbchen, welche mit Klöppeln geschlagen werden. Neuerdings baut man auch die Stahlharmonika in Form eines kleinen Klaviers von sehr sympathischem Klange.

Schlaginstrumente mit unbestimmter Tonhöhe

sind die Trommeln, deren man grosse und kleine baut:

Grosse Trommel (Tamburo grande, Gran Cassa ital., Grosse caisse frz.).

Militärtrommel (Tambure militare ital., Tambour militaire frz.).

Die „Baskische Trommel" (in Spanien: Pandero) besteht aus einer über einen Reifen gespannten Tierhaut; an dem Rahmen hängen Schellen und Metallstücke. Das Instrument wird entweder mit dem Handrücken geschlagen oder in der Luft geschwungen, um die Schellen event. allein erklingen zu lassen, oder drittens zum Ertönen gebracht, indem man mit der Fingerspitze das Fell streift, wodurch ein Wirbel entsteht. Bei allen drei Arten der Tongebung sind die Schellen thätig.

Schlaginstrumente

Das **Tambourin** ist länger und schmaler als die gewöhnliche Trommel und wird nur mit einem Trommelstock geschlagen; der Name wird meist aber fälschlich auf die „Baskische Trommel" übertragen.

Das **Tamtam**, ein original-chinesisches Instrument, ist eine dünne Metallscheibe mit umgebogenem Rande und wird mit einem filzüberzogenen Schlägel geschlagen, wodurch ein dröhnender, nachhallender, unheimlicher Schall entsteht, der zu Gunsten des dramatischen Effekts im *forte* wie im *piano* wohl ausgenutzt werden kann. (Meyerbeer, Halevy, Spontini, Wagner.)

Die **Becken** (Piatti oder Cinelli ital., Cymbales frz.) sind Metallscheiben mit Ledergriffen an denen man sie handhabt, um sie aufeinander zu schlagen oder aneinander vorbei zu streichen. Vielfach findet man die Becken wie z. B beim Militärorchester vom Spieler der grossen Trommel mit dieser zugleich angewandt.

Der **Triangel** (Triangolo ital., Triangle frz.) ist ein in Form eines Dreiecks gebogener Stahlstab, welcher durch Schlagen mit einem Stäbchen desselben Metalls in Vibration versetzt wird. Rhythmische Figuren jeder Art lassen sich auf dem Instrument leicht ausführen.

Die **Castagnetten** (Castanuelos) in Spanien speciell angewandt, sind aus hartem Holze gefertigte, muschel- oder birnenförmige flache Kapseln, welche vom Spieler, der in jeder Hand ein Paar hält, aneinander geschlagen werden, d. h. jedes Paar unter sich. Die Paare sind ungleich gross, eine Hand regiert das höher klingende Paar, welches die Teilrhythmen angiebt, die andere das tiefer stehende, mit welchem nur die Grundrhythmen markiert werden.

Die rhythmischen Figuren, welche von den Schlaginstrumenten ohne bestimmte Tonhöhe ausgeführt werden sollen, werden vernunftgemäss auf einer einfachen Linie mit Angabe der Wertzeichen notiert, z. B.:

Baskische Trommel.

Instrumentation

Die menschliche Stimme.

Der menschlichen Stimme sind nach Alter und Geschlecht und innerhalb derselben Alters- und Geschlechtsklasse durch Individualität der Stimmbänder [den Organen, welche durch ihre Schwingungen den Hauptanteil an der Tonerzeugung haben] gewisse Grenzen gesetzt.

Man unterscheidet Kinder- und Frauenstimmen von den Männerstimmen. In einem Chor wird in folgenden „vier Hauptlagen gesungen:

Diese vier Lagen können nach Bedarf in 1. und 2. Sopran, Alt, Tenor und Bass eingeteilt werden, wobei die ersten Stimmen die höheren Noten erhalten.

Werden Sopran, Alt, Tenor und Bass zu einem Chor vereint, so spricht man von einem **gemischten Chor** (Frauen- und Männerstimmen gemischt.)

Durch die nötige Schulung kann eine jede dieser Stimmen in ihrem Umfang um ein Erhebliches gewinnen, so kann z. B. eine Solo-Sopranstimme bis zum c''' sogar bis g''' singen. Die Sängerin Agujari (1743* in Italien) besass sogar das c'''' (das viergestrichene). Der Bass kann sich bis zum Kontra-B erweitern, der Tenor kann bis zum c'' ja cis'' emporsteigen.

Mezzo-Sopran ist eine Frauenstimme, welche im Umfange zwischen Sopran und Alt schwankt, ihre schönsten Töne liegen in der Mittellage.

Menschliche Stimme

Baryton ist eine Männerstimme mit dem Umfang, welche die Kraft des Bass mit dem Glanz des Tenors in sich vereinigt.

Berühmte Sänger und Sängerinnen der Neuzeit für dramatischen Konzertgesang sind : Frau Marchesi, Lamperti; Götz, Stockhausen, Sieber, Hey, auch als Lehrer bedeutend; Sängerinnen ; Catalani, Schröder-Devrient, Sonntag, Lind, Viardot-Garcia, Malibran, Artöt, Patti, Lucca, Mallinger, Peschka-Leutner, Materna, Gerster, Sembrich, v. Voggenhuber, Lehmann, Sachse-Hofmeister, Schumann-Heink. — Tenoristen : Schnorr v. Karolsfeld, Tichatchek, Vogl, Niemann, Wachtel, Götze, Alvary. — Barytonisten : Marchesi, Kindermann, Mitterwurzer Krolop. Stockhausen, Gura, Lissmann. — Bassisten: Staudigl, Levasseur, Skaria, Betz.

Kapitel 2.

Einiges über Instrumentation und die Partitur.

Nachdem Hector Berlioz in seinem trefflichen Buch über Instrumentation sämtliche Orchesterinstrumente aufgezählt hat, fährt er fort:

„In dem Gebrauche dieser verschiedenen Klangelemente nun und in deren Verwendung, sei es, um der Melodie, der Harmonie und dem Rhythmus eigentümliche Färbung zu verleihen, oder sei es, um unabhängig von jedem Zusammenwirken mit den drei anderen musikalischen Grossmächten Eindrücke sui generis (auf eine bestimmte Absicht sich gründend oder nicht gründend) hervorzubringen, — besteht die Kunst der Instrumentation.

Da jedoch der Leser dieses Werkchen nicht in der Absicht zur Hand nimmt, um aus ihm die Kunst der Instrumentation zu erlernen, wollen wir für die Wahl des Inhalts unter obiger Überschrift nur allgemeine Gesichtspunkte gelten lassen. Diese sollen sich uns darbieten aus dem Vergleich der Instrumentation früherer Zeiten mit der der jetzigen, aus den Charaktereigentümlichkeiten der verschiedenen Klassen der Instrumente und schliesslich aus allgemein ästhetischen Regeln

Instrumentation

In dem musikgeschichtlichen Abschnitt unseres Buches zeigten wir die Anfänge der Instrumentalmusik. Die Bildung von Orchestern beschränkte sich anfänglich zunächst auf die Zusammenstellung der Instrumente der gleichen Familie in verschiedenen Stimmlagen. Man stellte z. B. ein Lautenorchester zusammen aus „Quinternen" (die kleinste Art Lauten), „Theorben" (tiefer als jene) und „Basslauten" u. s. w.; eine Verschiedenheit in Klangfarben wurde also geradezu vermieden. In derselben Weise gruppierte man die Familien der Flöten, oder die der Schalmeien, oder schliesslich die der Violen zu Ensembles. Als man dann gegen Ende des XVI. und Anfang des XVII. Jahrhunderts mehr Anforderungen an die Vielseitigkeit der Klangfarben stellte, spielten die Blasinstrumente — speciell in Deutschland eine ganz besondere Rolle:

Michael Praetorius (1571—1621), dessen berühmtes „Syntagma musicum" uns ein anschauliches Bild des derzeitigen Musiktreibens giebt, führt Beispiele an, in denen die **Blasinsrumente den Streichinstrumenten** bedeutend an **Zahl überlegen** sind und auch die Melodieführung übernehmen. Auch Haendel und Bach lieben die Blasinstrumente besonders. In seinen Oboenkonzerten hat Haendel die sogenannte „Feuermusik" mit 9 Hörnern, 9 Trompeten, 24 Oboen, 12 Fagotten und 3 Pauken besetzt; und Bach schreibt für ein Orchester mit „Streichquartett" (der gewöhnliche Name für den Komplex der Streichmusik) Oboen, Fagotten, Posaunen, Trompeten und Hörnern. Die Besetzung der Symphonien Philipp Emanuel Bachs ist: Streichorchester, 2 Flöten, 2 Oboen, 2 Hörner, 2 Fagotten und Flügel. P. E. Bachs Orchester teilt sich noch in Concerto und Concertino, letztgenanntes der Name für ein solistisch thätiges Ensemble (siehe S. 133 unter Konzert), welches traditionell in der damaligen Zeit aus 2 Oboen und einem Fagott, „Bläsertrio" genannt, bestand.[1]) Die Kapelle,

---

[1]) Zur Zeit gegen Ende des XVII., Anfang des XVIII. Jahrhunderts wurde auch das Streichorchester, soweit es ausschliesslich verwandt wurde, in das concerto

Instrumentation

für welche Haydn seine ersten Symphonien schrieb, war auch noch im Streichorchester schwach besetzt, die Bratschen gehen ganz unselbständig verdoppelnd meist mit den Bässen, dagegen fehlen nie: Flöten, Oboen, Fagotten und Hörner, während Klarinetten und Posaunen nie, Trompeten nnd Pauken ausnahmweise angewandt sind, obgleich die Haydn'sche Instrumentationspraxis für uns einen Markstein bedeutet.

Nach dieser Zeit, als sich die Streichinstrumente die Hegemonie des Orchesters errungen hatten, trat ein richtigeres Verhältnis zwischen Streich- und Blasmusik ein, doch wurden die Blasinstrumente zu sehr untergeordnet. Bach mit seiner polyphonen Schreibweise macht in gewissem Sinne eine Ausnahme, während selbst Haendel, welcher, wenn er die Bläser solistisch beschäftigt (z. B. mit obligater, d. h. unentbehrlicher Trompete) ihnen Dinge zumutet, vor denen unsere heutigen Virtuosen staunend als vor einer „Aufgabe" stehn, beschäftigt das Blasorchester durchschnittlich zur Verstärkung des Streichorchesters. Haydn, welcher dadurch für die Instrumentations-Entwickelung wichtig ist, dass er das Charakteristische der einzelnen Instrumente mehr berücksicht, [wir erinnern nur an die köstlichen Wirkungen, welche er dem Fagott zu entlocken weiss (z. B. Menuet und Finale der C-dur-Symphonie, Peters Partitnr-Ausgabe No. 5 und der Ausgabe der vierhändigen Arrangements von Peters No. 7)] selbst er, und sogar noch Mozart vertrauen dem Waldhorn wenig mehr als harmonisches Füllsel zu. Erst Beethoven giebt der Hornstimme eine Eigenexistenz, ebenso C. M. v. Weber und jenen Meistern folgen die Anderen. Nicht viel besser erging es der Posaune, deren herrliche Klangwirkungen lange Zeit dazu herabgewürdigt wurden, nur die Kontrabässe zu unterstützen oder rhythmisch bedeutungsvolle Taktteile bemerkbar zu machen. Die Klari-

---

grosso und in das concertino geteilt. Das concertino stand sodann der ganzen Masse [auch Ripieno genannt] der übrigen Streichinstrumente mit ersten und zweiten Violinen und dem ersten Cello gegenüber.

nette, welche verhältnismässig spät das Licht der Welt erblickte, sie, die unser bevorzugtes Instrument ist, hatte über Zurücksetzung weniger zu klagen, doch C. M. v. Weber hauchte ihr erst eine unsterbliche Seele ein und mit ihm Mozart, welcher für Soli- und Ensemblekompositionen, besonders in den letzten Jahren seines Lebens, unvergleichlich schöne Klarinettenstimmen schrieb. Ein ähnliches beobachten wir im Streichorchester: Die Bratschen, welche bei Bach z. B. eine mit den andern Streichinstrumenten völlig gleiche Stellung einnehmen, wurden durch den Einfluss der Italiener (Mitte des XVIII. Jahrhunderts) nur Begleitinstrument oder gingen in Oktaven verdoppelnd mit Celli und Bässen Die Celli traf ein gleiches Loos: sie waren beständig an d 1 Kontrabass gekettet, sodass man ihnen sogar nur selten eine eigene Linie in der Partitur (der Zusammenstellung der Instrumente, welche in einem Stück mitwirken) zugestand. Auch hier war es wieder Beethoven, welcher den Bann löste, indem er das Instrument seiner Natur entsprechend „singen" hiess.

Man unterscheidet in Hinsicht auf die Besetzung eines Orchesters, abgesehen von den Bezeichnungen Streich- und Blasorchester, welche man sowohl als Bestandteile eines aus beiden Instrumentalgruppen zusammengesetzten Orchesterkörpers, wie auch als selbständige (nur Streich- oder nur Blas-) Orchester antrifft: das kleine Orchester, das grosse Orchester als Symphonie-Orchester, das grosse Orchester als Theater- (Opern-)Orchester, das Mitlitärorchester (die Militärmusik — Janitscharen Musik.)

Die Begriffe „kleines" und „grosses" Orchester sind natürlich modifizierbar und haben zu verschiedenen Zeiten auch verschiedene Bedeutung gehabt.

Mozart schrieb z. B. seine G-moll-Symphonie (1788), eine Perle, auch bezüglich ihrer Klangfärbung, für kleines Orchester, dessen Besetzung nur folgende ist: Streichinstrumente (Violinen, Viola, Violoncello mit Bass), 2 Hörner, 2 Fagotten 2 Oboen

Instrumentation

1 Flöte. Ohne die Grenzen des „kleinen Orchesters" zu überschreiten, könnten sich Klarinetten, 2 Pauken und event. 2 Trompeten hinzugesellen.

Eine Vermehrung der Bläser durch Hörner, Trompeten und Posaunen macht das „kleine" znm „grossen" Orchester, identisch mit unserem gewöhnlichen grossen Symphonieorchester, dem sich höchstens Harfen und charakteristische Schlaginstrumente (vielleicht auch englisch Horn) anschliessen. Das Orchester einer Oper kann jedoch noch bedeutend vermehrt werden. Einen ungeheueren Orchesterapparat hat sich Berlioz in seinem „Requiem" (Tuba mirum) zusammengestellt, welches seiner Absonderlichkeit halber hier folgen möge: 4 Flöten, 2 Oboen und 4 Klarinetten in C (die englischen Hörner pausieren), 8 Fagotte, 12 Hörner, 4 Kornette mit Pistons in B, 1 Monstre-Ophikleide mit Piston, 8 Trompeten, 16 Posaunen, 4 Ophikleiden, 16 Pauken, grosse Wirbeltrommel in B, 1 grosse Trommel mit 2 Klöppeln, Tamtam, 3 Paar Becken, erste und zweite Violinen, Violen, Violoncelli und Kontrabässe.

Mehr kann man kaum verlangen, indem selbst die Pauken zur Bildung einer Harmonie herangezogen werden; aber das ist ein Ausnahme-Orchester: die Hälfte der Instrumente würde schon ein reichlich besetztes grosses Orchester ergeben.

Die Anlage eines Orchesters, sowie seine Thätigkeit müssen sich natürlich danach richten, zu welchem Zwecke es zusammengestellt wird: man wird seine Zusammensetzung anders wählen wenn es sich darum handelt nur zu begleiten, als wenn es, wie z. B. in der Oper, gelegentlich dramatisch illustrieren soll, wobei man auch das Prinzip, die begleitete menschliche Stimme als No. 1 und die Begleitung sekundär zu behandeln auf Momente ausser Acht lassen darf. Im Grossen und Ganzen wird jedoch ein begleitendes Orchester im Augenblick des Begleitens nicht dominieren dürfen. So ist es unter Anderem eine merkwürdige Thatsache, dass Wagner'sche Begleitungen durchgehends zu laut genommen werden, denn selbst ein vorgeschriebenes *forte* soll immer nur im Verhältnis ein *forte* sein, und Wagner will gar kein Vordrängen der Musik. *Forte* ist eben noch lange nicht *forte*: ein *forte* in einer Schlachtmusik ist anders, als ein *forte* in einem Gebet. Es gelingt nur wenig bevorzugten Dirigenten, das richtige Maass in den Stärkegraden des Ganzen, wie auch besonders einzelner Instrumente anderen gegenüber zum Ausdruck zu bringen.

Ganz Bedeutendes leistete hierin Hans v. Bülow (1830 bis 1894), er verstand es meisterhaft ein Orchesterwerk plastisch zu gestalten, die jeweilig charakteristischen Linien, sei es der thematischen Zeichnung, sei es der Gliederungen des dynamischen oder agogischen Verlaufs einer Piece hervortreten zu lassen und die Klangfarben der Instrumente zu den feinsten Nüancierungen zusammenwirken, oder die Klangfarbe einzelner sich aus dem Gros loslösen zu lassen und dieser losgelösten Stimme die richtige Folie zu geben.

Um diese Kunst zu verstehen, aber auch um sie als Zuhörer würdigen bezw. kritisieren zu können, giebt es für Künstler und Laien nur ein Mittel: man studiert:

Die Partitur eines Werkes.

Die Partitur (partitura it., partition frz., wobei zu bemerken, dass die Franzosen eine partition de piano = Klavierauszug, und eine partition d'orchestre = Orchesterpartitur unterscheiden; im englischen Score) eines Orchesterwerkes mit oder ohne Vokalmusik ist heutzutage die zeilenweise Übereinandersetzung der bei der Ausführung der Komposition thätigen Instrumental- und Vokalstimmen in der Weise, dass man zusammen übersehen kann, was zusammen erklingen soll. Die allgemein übliche Praxis der Reihenfolge in der Zusammenstellung der Stimmen geht von zwei Gesichtspunkten aus: man stellt die Instrumente familienweise zusammen und diese in sich nach der Höhe geordnet:

Instrumentation, Partitur

Holzbläser	Kleine Flöten, Grosse Flöten, Oboen, Englisch Horn, Klarinetten, Fagotte.
Blechbläser u. Schlaginstrumente	Hörner, Trompeten, Posaunen, Tuben, Pauken, Schlaginstr. mit bestimmter ⎫ Schlaginstr. mit unbestimmter ⎭ Tonhöhe.
Streichinstrumente	1. Violinen, 2. „ Bratschen, Violoncelli, Kontrabässe.

Sind Singstimmen dabei, so setzt man sie meist zwischen Bratschen und Celli, erst die Solisten und darunter den Chor. Die eventuelle Mitwirkung der Orgel notiert man zu unterst, in älteren Werken sieht man zu unterst den Continuo mit Generalbassbezifferung.[1]) Die seltener gebrauchten Instrumente werden an verschiedene Stellen gesetzt; Solo-Instrumente stehen entweder am Kopfe der Partitur oder über dem Streichorchester. Von dem hier angegebenen Arrangement giebt es natürlich

---

[1]) Die Generalbass-Bezifferung, deren Zweck wir schon besprochen, bedient sich auf dem Papier einiger Zahlen, welche den Intervallen derselben Grösse entsprechen. 8 bedeutet = Oktave, 5 = Quinte. 6 = Sexte u. s. w. Die Grösse der Intervalle ist jedoch keine durchweg gleiche, sondern richtet sich in jedem einzelnen Falle nach dem Vorzeichen (Tonart) des betreffenden Stückes Steht unter der Bassnote A z. B. mit Ziffern ein Accord mit der Terz von A verlangt, so ist diese C, wenn die Komposition in C- oder G-dur steht, aber Cis wenn dieses vorgezeichnet ist. Sämtliche der gebräuchlichsten Bass-Bezifferungen sind .

Partitur

Ausnahmen, doch kann man diesen aus Gründen der Übersichtlichkeit nicht das Wort reden. Abgesehen von der Fertigkeit, sich eine solche Partitur mit dem Augenblick des Ablesens für Klavier zu übertragen und auf diesem so wiederzugeben, dass nichts Wesentliches fehlt: mit andern Worten „Partiturspielen" zu können, — ein Können, welches man von jedem Kapellmeister verlangt, handelt es sich beim Musikfreund zum Mindesten um das N a c h l e s e n in einer Partitur. Das Partiturlesen ist durchaus nicht so schwer zu erlernen, dass es nicht jeder

Die Bestandteile der verlangten Akkorde können nach Massgabe der Satzregeln oder mit Rücksicht auf den speziellen Zweck auch in andere „Lage" gebracht werden, d. h. die Töne können in anderer Reihenfolge übereinandergesetzt werden, einige derselben können verdoppelt oder ausgelassen werden, der Akkord kann auf Bass- und Violinschlüssel verteilt werden, kann in Begleitungsfiguren aufgelöst werden u. s. w. u. s. w. Wir geben hier also nur die Normalgestalt der Akkorde. Die in Klammer [ ] stehenden Zahlen werden n i c h t mit geschrieben, sondern gelten als selbstverständlich; (mithin wird der Dreiklang gar nicht bezeichnet), nur dann wenn ein durch eine Intervallzahl bezeichnete Note ein ♯, ♭ oder ♮ u. s. w. haben soll, dann wird jene Zahl geschrieben. Eine Bezeichnung o h n e Zahl bezieht sich immer auf die Terz. Findet man eine Zahl durchstrichen, z. B. 5 6 u. s. w., so bedeutet es so viel wie ein ♯. NB. Unsere Beispiele sind nicht als zusammenhängend zu betrachten, infolgedessen nimmt kein Akkord etwa durch Anwendung von Auflösungszeichen ♮ Bezug auf den vorhergehenden. Jeden einzelnen Akkord denke man sich also für sich allein in einer C-dur-Komposition. Weitere Ausführungen suche man in Generalbass-Lehren oder Kompositions- und Harmonie-Lehren.

musikalisch Beanlagte und Gebildete in verhältnismässig kurzer
Zeit dazu bringen könnte. Einige instruktive Winke hierfür
mögen den Schluss unserer Besprechungen bilden. Das erste
Studienobjekt, an welches sich der Laie überhaupt heranwagt,
sei natürlich das Nachlesen eines ihm bekannten Liedes, wobei
zu beobachten ist, dass man sofort mit dem Verfolgen der Singstimme die Instrumentalstimme mit liest. Das Lesen macht hier
gar keine Schwierigkeiten, da der Text ein Verirren unmöglich
macht. Der Nachlesende darf sich jedoch nicht daran genügen
lassen, zu hören, sondern muss das Gehörte versuchen thema-
tisch zu analysieren, d. h. er muss suchen, das Hauptthema zu
erfassen, seine Verarbeitung zu verfolgen und vor allen Dingen
sofort zu merken, wenn das Thema, ein Bruchstück desselben
oder eine aus ihm hervorgewachsene Phrase in der Begleitung
als Gegenmelodie auftritt. Es ist das darum so wichtig, weil der
Leser sich auf diese Weise daran gewöhnt, das Hauptsäch-
liche von Nebensächlichem zu sichten. Oft versteckt sich
ein wichtiges Melodiebruchstück in einer fast nebensächlich er-
scheinenden Mittel- (Innen-) Stimme der Klavierpartes, oft sind
es die Schritte der Bassstimme u. a. Der nächste Versuch
kann mit dem Nachlesen eines Konzertstückes für Violine und
Klavier gemacht werden. Hier heisst es schon mehr und schärfer
aufpassen, denn erstens sind beide Partien, die des Solisten und
auch die des Begleiters komplizierter, ferner fehlt es, wenn
man einmal den Faden verloren hat, an einem Anhaltspunkt,
um wieder hinein zu kommen. Da ist es nun wichtig, nicht
nur das Ohr anzustrengen, sondern auch das Auge, und zwar
nicht nur im Verfolgen einer Melodie, sondern auch im Erfassen
der rein äusserlichen Linie des Notenbildes, welches in enge
Beziehung zu dem Gehörten treten soll. Man muss z. B. wissen,
— ich nehme an, der Leser konnte nicht folgen und irrt vergeblich mit Auge und Ohr auf den Notenlinien einer Seite umher
— die Melodie des Themas sah „so und so" aus . . . jetzt
kommt das Thema . . . denn das Ohr war aufmerksam . . .
die Konturen des Themas werden uns sofort entgegenleuchten

Partitur

... und der Anschluss ist gefunden! Wichtig ist dabei nicht mit halbem Ohr zu hören, denn unverkennbare Aenderungen des Themas darf man nicht überhören, sonst ist man auch dann verraten und verkauft. Ein Streichtrio wird sich sodann zum Weiterlernen eignen: es ist insofern wieder schwieriger, als sich in solchen Kompositionen die Unabhängigkeit der einzelnen Stimmen unter einander steigert, und ausserdem ein Faktor der Erleichterung wegfällt, indem der Klangcharakter dreier Streichinstrumente weniger von einander absticht als der der Tonerzeuger in den bisher genannten Ensembles. Dafür wird das Ohr geschärft. Man kann aber auch hier mit dem Auge zu Hülfe kommen, indem man, wenn der Teil eines Satzes wiedernoit wird, des öfteren nach den Spielern schaut, um sich zu überzeugen: waren das z. B. höhere Töne, welche der Cellist spielte, oder tiefere des Bratschisten, um für einen andern Fall entscheiden zu können, in welchem Takt man sich befindet. Der Leser soll aber durchaus nicht ängstlich an der Violinstimme als der hervortretendsten weiterkriechen, sondern immer wieder kritisch hören und wissen, welche Stimme in dem betreffenden Augenblick das erste Wort redet, oder ob mehrere gleichwertig beschäftigt sind, in welchem Fall ein Folgen schon bedeutend schwieriger ist.

Im Anschluss an diese Übung wäre das Nachlesen eines Klavier-Quartetts zu empfehlen, welches drei Streichinstrumente und ein Klavier beschäftigt und daneben das Verfolgen von Vokal-Ensembles. Wenn man sich nun in der Folgezeit an das Nachlesen eines Orchesterwerkes für kleines Orchester (Haydn, Mozart Symphonien) wagt, darf man sich nicht dadurch verblüffen lassen, dass man vieles nicht hört was man auf dem Papier sieht, und anderes wieder **mehr** hört als man nach den paar Noten der betreffenden Stimmen glaubte. Das kommt daher, dass man nicht darauf achtete, dass der Komponist verschiedene Stärkegrade für verschiedene Stimmen vorschrieb, oder dass infolge der Verdoppelung einer Stimme, z. B diese an Wichtigkeit durch grössere Klangfülle gewinnt, oder im

Partitur

anderen Falle, dass ein Instrument in der von dem Komponisten verlangten Lage gar keins oder im Gegenteil ein besonders grosses Tonvolumen zu entwickeln im Stande ist. Manchmal wieder will der Komponist das rhythmische Element dem melodischen gegenüber dominieren lassen, weshalb z. B. ganze Passagen der Flöten oder auch der Streichinstrumente u. s. w. in dem Rhythmus von Trompete oder Horn und Pauke u. s. w. untergehen. Um derartiges schon im Voraus beurteilen zu können, muss man doch schon einige Übung haben; gut wird es nun sein, wenn man zu Hause die Partitur wieder durchliest und in Gedanken das Stück noch einmal hört, und dass man dann, ehe ein solches Stück zum zweiten Male aufgeführt wird, d. h. kurz vorher sich noch einmal die ganze Wirkung der Komposition nach der Partitur zu vergegenwärtigen sucht und dann im Konzert die eingebildete Wirkung mit der effektiven vergleicht bezw. nach ihr korrigiert.

Nachdem uns der Leser bis hierher gefolgt ist, möchten wir ihm schliesslich ans Herz legen, sich musikalisch nur an den Werken anerkannt guter Tonsetzer zu bilden, denn ebensogut wie ein Geschmack und ein Urteil gebildet werden können, können sie auch verbildet werden. Jenes Wort Richard Wagner's, welches er in den Meisterfingern durch den Mund des Hans Sachs uns zuruft, dürfte deshalb verallgemeinert nicht nur für die Fachmusiker, sondern auch für jeden Musikliebhaber, der es ernst mit seiner Freude am Schönen nimmt, hier am Platze sein:

A. Pochhammer.

Nachtrag und Druckfehler.

Anticipation (harmonische) Vorausnahme eines Bestandteils (Tones) einer Harmonie, die erst folgt. Die anticipierte (d. h. vorausgenommene Note) dissoniert meist.

bémoll (frz.) Erniedrigungszeichen = ♭

a capella, ein unbegleiteter Vokalsatz.

C-Schlüssel = $\frac{.}{.}$ wenn auf der ersten Linie stehend unter dem Namen Discant-Schlüssel, auf der 3. Linie als Alt- oder Bratschen-Schlüssel, auf der 4. Linie als Tenor- oder Cello-Schlüssel bekannt, bezeichnet die betreffende Linie als c-Linie, d. h. als Linie für das eingestrichene c.

Czardas, wilder ungarischer Tanz mit wechselndem Tempo.

Deprés auch des Prés oder Josquin Des Près der berühmteste der Niederländischen Kontrapunktisten der zweiten Hälfte des XV. Jahrhunderts.

flat (englisch), Erniedrigungszeichen = ♭

Generalpause, Pause für sämtliche beteiligten Instrumental- oder Vokalstimmen.

Interludium = Zwischenspiel.

Intonation - Tongebung.

Bei Instrumenten unterscheidet man Instrumente mit „freier Intonation" und „gebundener Intonation", jenachdem die Höhe jedes einzelnen Tones in jedem Moment nach dem Willen des Spielers wesentlich geändert werden kann (z. B. Streichinstrumente, menschliche Stimme), oder im anderen Fall durch vorhergegangenes Stimmen an eine bestimmte Tonhöhe gebunden ist. (Z. B. Klavier, Harfe.)

„Instrumente mit wenig veränderlicher Intonation" sind fast alle unsere Blasinstrumente, deren Tonhöhe durch die Konstruktion des Tonerzeugers in der Hauptsache bedingt ist, während kleine Tonhöhe-Modifikationen durch die Spieltechnik [Luftstärke und Lippendruck] möglich sind.

Klavierspieler, die bedeutendsten:

D. Scarlatti, Couperin, J. S. und K. Ph. E. Bach, Mozart, Clementi, Dussek, Kalkbrenner, Cramer, Czerny, Field, Hummel, Mendelssohn, Moscheles, Thalberg, Liszt, Chopin, Henselt, Hiller, Reinecke, Tausig, Bülow, Rubinstein, d'Albert, Klara Schumann, Anoste Essipoff-Leschetitski, Sophie Menter-Popper, Theresa Careño.

Reinthaler gestorben 1896.

Schlüsselzeichen, die zu Anfang jeder Notenzeile stehenden Zeichen, welche durch ihre Gestalt nnd Stellung auf dem Liniensystem desselben eine feste Tonhöhebedeutung verleihen. (Vergl. Violinschlüssel, Bassschlüssel, C-Schlüssel).

Solmisation, die Benennung der Töne eines Hexachords siehe Anmerkg. S. 46.

Solmisationssylben, die Namen: do, re, mi, fa u. s. w. (S. 46)

Ambroise Thomas gestorben 1896.

Tritonus ist das Intervall der übermässigen Quarte.

Umkehrung des Themas nennt man die Umgestaltung desselben in der Art, dass mehr oder minder streng die Stimmschritte des Themas in umgekehrter Richtung d. h. steigend statt fallend, oder fallend statt steigend gemacht werden.

S. 26 lies **Plagal** statt Plagial.